U0937471

世界高端文化珍藏图鉴大系

人间珠玉

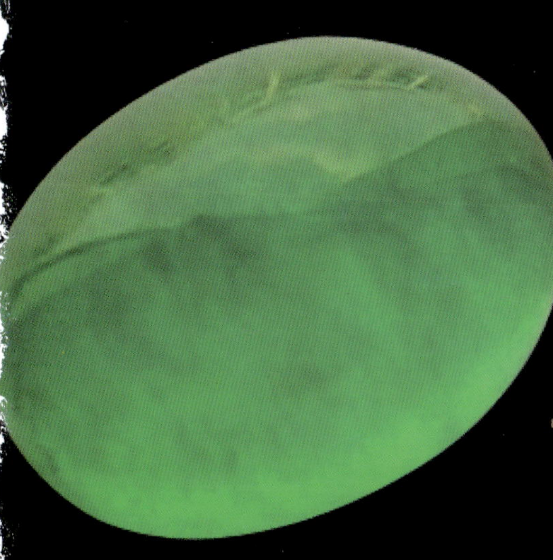

翡翠珠宝收藏与鉴赏

JADE JEWELRY

夏洋 / 编著

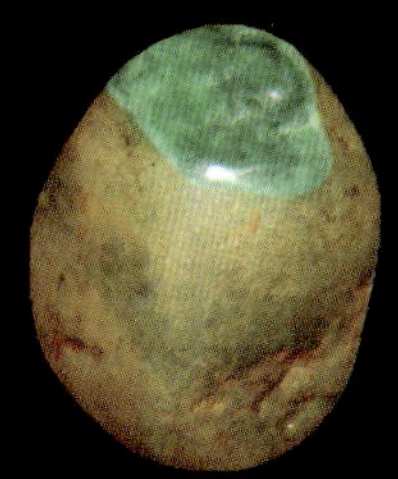

图书在版编目（CIP）数据

人间珠玉：翡翠珠宝收藏与鉴赏 / 夏洋编著 . -- 北京：新世界出版社，2013.11

ISBN 978-7-5104-4672-6

Ⅰ . ①人… Ⅱ . ①夏… Ⅲ . ①翡翠—收藏—中国②翡翠—鉴赏—中国 Ⅳ . ① G894 ② TS933.21

中国版本图书馆 CIP 数据核字 (2013) 第 256949 号

人间珠玉：翡翠珠宝收藏与鉴赏

作　　者：夏　洋
责任编辑：张建平　李晨曦
责任印制：李一鸣　王丙杰
出版发行：新世界出版社
社　　址：北京西城区百万庄大街 24 号（100037）
发 行 部：（010）6899 5968　（010）6899 8733（传真）
总 编 室：（010）6899 5424　（010）6832 6679（传真）
http：//www.nwp.cn
http：//www.newworld-press.com
版 权 部：+8610 6899 6306
版权部电子信箱：frank@nwp.com.cn
印　　刷：北京市松源印刷有限公司
经　　销：新华书店
开　　本：787 × 1092　1/16
字　　数：230 千字
印　　张：18
版　　次：2014 年 1 月第 1 版　2018 年 7 月第 2 次印刷
书　　号：ISBN 978-7-5104-4672-6
定　　价：100.00 元

前言
Preface

翡翠以其稀有而华贵，同时又具有玻璃般光泽、韧性较强、硬度高、质地温润而赢得了“玉石之王”的美称。翡翠不仅具有东方的静雅意韵，还兼具了西方的雍容华贵，被视为东方文明的代表之一。翡翠的绿深邃、含蓄、柔和，代表着一种向往和寄托，是一种自然浪漫情怀的表达。

翡翠是一种以硬玉矿物为主的集合体，自明末清初传入中国之后便成为了玉器中的佼佼者，并随着中华文化的传播影响到海外。从乾隆皇帝到慈禧太后各任帝王后妃都对翡翠情有独钟，慈禧对翡翠的喜爱更是到了一种如痴如醉的地步，因此翡翠在清朝也有皇家美玉的称谓，也称之为“帝王玉”。

中国历史悠久，以玉器为载体的玉文化可以看成是中国传统文化的缩影，不仅深刻反映了中国各个历史时期的宗教、政治、经济与文化情况，更反映了人们以玉比德、陶冶情操的美好愿望，同时也见证了中国人民含蓄内敛、秀外慧中的传统美德。

中国是世界上开采和利用玉石最早的国家，从周代的“三礼玉论”到秦代的玉礼制度，从汉代的葬玉文化到唐代玉器中佛教文化的大放异彩，从宋代的玉带制度到明清时期玉器的世俗化与生活化，无不表现出玉器与生俱来的细腻与温润。不过到了清朝晚期，晶莹剔透、翠绿盎然的翡翠后来者居上，短时间内在所有玉石当中独领风骚，成为了玉石之王。翡翠的美既张扬又含蓄，在朦胧的外皮下蕴含着万千美色，最终以其独一无二的魅力征服了所有爱玉、崇玉、赏玉、藏玉的国人，

Preface

承担起了“器以载道”的传承历史文明的重任。

随着社会的发展，人们生活水平的不断提高，民间的收藏活动非常活跃，特别是艺术品拍卖市场的出现，为我国民间收藏活动带来了新的观念和新的交易方式。翡翠的真假鉴别以及优劣评判则成了收藏翡翠的首要课题。翡翠的质量千差万别，难以捉摸，俗话说：“神仙难断玉石”。翡翠的赌石生意，既有一夜暴富的可能，也有血本无归的风险。翡翠的真伪难辨虽然曾经让很多收藏家蒙受了很大的经济损失，不过这并没有让喜爱翡翠的人们望而却步，反而进一步促进了翡翠收藏的发展。尽管翡翠的收藏历史只有短短几百年的时间，但其独特的品质，浓郁的文化内涵，使之成为当之无愧的“玉石之王”。在艺术品拍卖市场上，翡翠的成交价格一直都居高不下，在日常生活中，翡翠制品更是深受人们的喜爱和追捧。

目前，盛世藏宝的观念使翡翠的收藏热一浪高过一浪，翡翠不仅仅是装点美化人们生活的珠宝饰品，更成为了玉文化的传播使者。

为了便于读者对翡翠有较为清晰的了解，本书从翡翠的各方面进行了较为详尽的阐述，并配以相应的图片，以达到更好的阅读效果。

希望通过此书，读者能感受到翡翠材质和工艺之美，并对其特性和收藏鉴赏方面的知识有所了解，以在欣赏和购买翡翠的过程中作为参考。因为编者水平有限，书中难免会出现不足之处，还希望广大专家和读者不吝赐教。

目录 Contents

目录 Contents

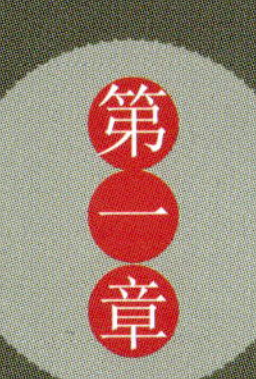

第一章 世人皆为翠狂——翡翠的起源与概况

翡翠的文化和传说

缅甸的翡翠究竟是在何时被发现的，至今尚未有明确的定论。据《缅甸史》记载，公元1215年刚被封为土司的珊龙帕在距今勐拱不远的勐拱河上游过河时，在河边无意中发现了一块形如鼓状的蓝玉，随后在附近修筑城池，并起名为孟拱，意思是鼓城。

另一种说法是，13世纪时，云南的一位商人从缅甸进货回云南的途中，用了一块用来平衡骡子驮的担子的石头，后来发现这块石头就是翡翠巨砾。

对中国古代玉器的研究也表明，在历代的古玉器中，翡翠制品非常少见，虽然有些历史文献和少量的考古发现，但是否确为缅甸翡翠并无定论。只是进入清朝中后期，翡翠制品才有了较多发现，并逐渐增多，直到取代新疆和田玉的位置，成为中国玉石市场的主要品种。

翡翠原石

翡翠挂件

■ 白宝桶翡翠摆件

关于翡翠还有这样一个传说，在南亚某国王宫供着一片美丽的翡翠菩提叶。这片翡翠叶子晶莹剔透、翠绿欲滴，没有任何杂质。最神奇的是能清晰地看到叶子的脉络，简直跟真正的叶子没有一点差别。天色稍微暗的时候，如果你把这片翡翠叶子挂到花园的树上，任凭你是火眼金睛，也看不见翡翠的影子。不过只要有阳光闪过，你马上就能发现它，因为它会发出耀眼而璀璨的光芒，将树荫全部染绿。

关于这个翡翠菩提也有一段故事。相传有一户靠种菠萝为生的贫苦山民，父亲对儿子莫罕说，祖上曾赶过马到北方贩卖杂货。有一次回来的时候，因为马背上两侧的货物重量不等，老祖爷就随手捡了一块石头压在驮篓的一边。回来后有人识货说那石头是一块翡翠，就卖了个好价钱，这样祖爷才娶了祖奶，于是也就有了我们现在的这些人。

莫罕说：“我要到北方去寻翡翠。”

■ 八仙过海

父亲说：“已经不知道有多少人去寻找过翡翠了，空手而归的都算是幸运的了，大多数人都是有命去，没有命回来。你这一去，怕也是凶多吉少！

莫罕说：“找不到翡翠，我不回来见您。”

莫罕攀过无数名山大川，趟过无数江河湖泊，总算是找到了一座山。

山的主人说：“山洞里可能会藏着翡翠，你帮我在这里挖矿石，要是你干得好，年底的时候我就把一块矿石送给你，当作付给你的工钱。”

莫罕说：“矿石就是翡翠吗？”

山主说：“年轻人，这就要看你的造化了。矿石都是被一层砂皮包着的，没有人能知道里面藏着什么。能否挖到翡翠是需要去赌的，要是你觉得自己不行，就滚下山去。”

莫罕留下来了。矿洞窄得像个蛇窟，挖矿非常艰辛而且危险。到了年底，山主说：“我言出必行，你随便拣一块矿石吧。”于是莫罕挑了一块鹅蛋大小的矿石。他原本就想这样把矿石带回家，但是如果不远万里跑回家，却发现里面是很普通的石头，那么年迈的父亲该有多失望啊！他想到矿石中含有翡翠的几率非常小，就留了下来，而这一留就是 16 年。他下定决心回家，就把沉甸甸的矿石装进了麻袋。

山主说：“你走这么远的路，带着这么沉的矿石也不方便，不如把麻袋解开，打开矿石，如果是翡翠你就拿走，如果是石头，你就可以直接扔掉。”

莫罕答应了。山主将矿石一块块打开，可是一连 14 块都是石头。

■ 吊坠——金枝玉叶

■ 清光绪 御制翡翠九狮盖炉

■ 翡翠原石

山主说："你的运气真是糟糕透了，这剩下的两块矿石就算你卖给我好了，足够你路上的盘缠，回家之后也能盖一间草房，你看怎样？"

莫罕说："谢谢老爷的一番美意，但是我只卖一块矿石，剩下的那一块，我要带回家给我的父亲看。"

山主给了莫罕一块石头的钱，然后把莫罕给他的那块矿石解开。随着工具的响声和砂皮的脱落，一块蓝绿如潭水的蛋型翡翠显现在众人面前。莫罕在大家的惊叹和惋惜声中，头也不回地上了路。集市上，他看到一条巨大的蜥蜴被人耍着叫卖。

他问："为什么不放它回竹林？"

那人说："你可以把它买了放回竹林里去，要是你不愿意把它放走，你可以用它的肉熬汤。"

莫罕看到绿色的蜥蜴眼里含着哀怨的神色，心软了，就把身上所有的盘缠拿了出来，买下了蜥蜴。随后，他将这条巨大的蜥蜴放到了竹林里，想要把它放走。可是没有想到，巨蜥就是跟在他身边，不肯离去。夜里盘绕着他而眠，使他免受猛兽的滋扰。

■ 翡翠项链

■ 翡翠叶子项链

莫罕回到家，看见垂垂老矣的父亲，激动地说："父亲，我带回来的可能是一块翡翠，就像当初祖老爷带回来的一样。明天就当着大家的面，把它剖开吧！如果真是翡翠，那么乡亲们都有份。"

老父亲摸了摸矿石，热泪盈眶地说："什么也别说了，孩子，你能活着回来已经非常不容易了，这比什么翡翠可好多了。"

第二天，乡亲们准备好了象脚鼓，一旦发现矿石是翡翠就敲鼓庆祝。出乎众人意料的是，矿石却在这个时候不见了。乡亲们开始埋怨莫罕欺骗了大家，老父亲一直都在替自己的儿子辩解，说真的见过那块石头。可是大家都不再相信他了。

莫罕想了很久之后，似乎知道矿石去了那里，但是他什么都没有说。因为多年的辛劳工作，再加上长途跋涉，莫罕病倒了。他为了弥补不在家时对父亲的愧疚之情，更加努力地贩货，最终积劳成疾。在莫罕奄奄一息的时候，有人提议把巨蜥杀了熬汤喝吧！但是莫罕说什么也不肯，他临终时对父亲唯一的嘱托就是要善待这条巨蜥，只

■ 翡翠挂件

■ 白金镶钻老坑冰种翡翠叶子项链

■ 清乾隆 翡翠浮雕夔龙纹双耳龙钮方鼎

有它寿终正寝，才能把它剖开，埋在他身边。

莫罕死后，巨蜥不吃不喝，日夜守候在莫罕的墓前。没有几年，巨蜥就瘦得跟柴禾似的，在一个寂静的晚上死掉了。

老父亲将巨蜥剖开，在它的腹肚里发现了一块硕大的翡翠，因为肠胃的蠕动，将它磨成了菩提叶子的吉祥形状。

之后，国王得知了这件奇事，就给了山里人很多的粮食和珠宝，将莫罕老父亲的翡翠换走了。从此，山里人都搬进了城里，过上了好日子。只有一个孤独的老人，陪伴着一座大的坟墓和一座小的坟墓，在菠萝地里呆呆地守望着……

这里还有一则关于翡翠的传说。传说翡翠娘娘被贬到上缅北的山区，她看到当地的居民非常贫穷，饥饿和瘟疫让老百姓生活在水深火热当中。翡翠娘娘感到异常心痛，她决心尽自己所能解救受苦受难的老百姓，她亲自上山采药煎药为生病的百姓免费医病，除了做好事，为百姓采药医病，惩恶扬善，还赐予缅甸人民幸福和财富，同时将中国当时的农耕技术传授给了当地百姓，翡翠娘娘也因此受到缅甸人民的爱戴和敬仰。

翡翠娘娘沿着缅甸人民的母亲河——伊落瓦底江上游，跋山涉水，踏遍缅北高原的山山水水拯救各地人民，后来在索比亚丹（肥皂山）病倒，翡翠娘娘的夙愿未得以完成，生命就此终结。当地受过她恩赐的人们找到了她的遗体之后，都聚到了索比亚丹为翡翠娘娘举行非常隆重的火葬。人们都希望翡翠娘娘的灵魂会升天，但她的灵魂却未随熊熊火焰升天。为了完成生前的心愿——造福百姓，她神圣的灵魂溶入了地幔侵入地壳的超基性的硬玉中，最后变成了晶莹剔透的翡翠。

翡翠之名的由来

在中国古代，翡翠是一种生活在南方的鸟，这种鸟的毛色非常鲜艳，常有绿、蓝、红、棕等颜色，而且雄性的一般都是红色，谓之“翡”；雌性的一般是绿色，谓之“翠”，“红翡绿翠”也因此而来。

“翡翠”一词除了作为鸟名而被广泛流传使用之外，更多情况下是鲜艳颜色的代名词，即翡红和翠绿。到了清代，翡翠鸟的羽毛作为饰品进入宫廷，人们将其插在头上作为发饰，或用羽毛贴镶作首饰。与此同时，大量的缅甸玉进贡到皇宫内院，深受皇妃们喜爱。这些玉石的颜色大多都是红色和绿色的，跟翡翠鸟羽毛的颜色非常相似，因此人们就将这些来自缅甸的玉石称为翡翠，“翡翠”这一名称也就逐渐在中国的民间流传开了。因此可以说，翡翠的由来是源自于一种鸟的名字。

翡翠的形成

关于翡翠的形成，在民间有很多神奇的传说。有人认为翡翠的形成跟钻石一样，都是在极高压力下形成的，这也是钻石稀少的原因，那又是什么造就了翡翠的产量比钻石还要少呢？其实关于翡翠的形成，到目前为止也没有一个定论。不过可以确定的是翡翠是一种矿物，其形成需要独特的成矿条件。

■ 翡翠原石

■ 翡翠耳环

■ 摆件——天籁之音

■ 翡翠摆件——硕果累累

■ 翡翠耳环

■ 清 翡翠雕夔龙双狮耳瓶

翡翠产出于基性的蛇纹石化橄榄岩中，是蛇纹石化橄榄岩在形成后，经过挤压等变质作用后，温度压力都发生变化，岩浆又侵入了这些岩石之中，带来了新的化学物质，与原来的岩石发生了化学作用后形成的。

翡翠可以说是在一种自相矛盾的环境下形成的，它要求的温度非常低，但是需要的压力却很高。这高压是由于地壳运动引起的挤压力所形成的，现在已经证实，凡是有翡翠矿床分布的区域，都是地壳运动强烈的地带。在世界范围内，能满足翡翠形成要求的地质环境只有缅甸北部的一个极小地区。

翡翠千差万别的颜色则是其内部含有的金属元素所导致的，不同的金属元素可以让翡翠具有不同的颜色。钽元素使翡翠呈黄色；镁是使翡翠呈白色的主要元素；铬离子在翡翠成矿过程中进入其晶格，使其呈绿色；铬钴元素与微量铁元素的加入，使翡翠呈紫色；元素或低价铁离子向高价铁离子的转变，则使翡翠呈红色，这种红色又可细分为紫春和红春。

翡翠的产地

翡翠的主要产地在缅甸。此外，哈萨克斯坦、日本、美国和危地马拉等地也有翡翠产出，但其所产翡翠不如缅甸翡翠那样质地优良，因此也不像缅甸翡翠那样受到世人的喜爱和重视。

目前来说，缅甸算得上是世界上所有商业级翡翠的来源地，其主要产区位于缅北勐拱西北部的雾露河上游三条支流流域内。珠宝市场上优质的翡翠大多来自缅甸雾露河流域第四纪和第三纪砾岩层次生翡翠矿床中。缅甸的翡翠达到宝石级别，其余的都只能做工艺品，达不到加工工艺要求。其中真正宝石级的翡翠只有缅甸才有，而且已经快要开采殆尽了。恐怕以后很难采到真正的优质翡翠了。翡翠的主要市场在中国，占世界市场的95%。

■ 翡翠籽料

■ 玻璃种翡翠吊坠

缅甸与我国云南德宏、保山毗邻，据古书记载，有“翡翠产于云南永昌府”之说，这是由于当时的翡翠产地宝井，即今天的缅甸勐拱，曾属云南永昌府孟密宣抚司管辖，而永昌即为今天的云南保山。

现在所知，除缅甸以外，尚有哈萨克斯坦、危地马拉、美国、日本也产出翡翠。

翡翠吊坠

摆件——双喜戏梅

哈萨克斯坦翡翠

哈萨克斯坦的翡翠矿床是在20世纪50年代末前苏联时期发现的，因为质量和市场等方面的原因，没有进行有规模的商业性开采，无论是原料还是制成品，都很少见于翡翠市场。哈萨克斯坦翡翠产于哈萨克斯坦东部巴尔哈什市北东约110千米处。其材质较差，仅有少数品质相当于缅甸翡翠中档“花牌料”，大多数仍只相当于“砖头料”。哈萨克斯坦目前还没有大规模开采翡翠。哈萨克斯坦的翡翠原生矿主要为伊特穆隆达和列沃克奇佩利矿，矿化和蛇纹岩体有关。硬玉主要呈浅灰、暗灰、浅绿、暗绿等颜色，具中粒和细粒交代结构。其质量大多和缅甸商品级不透明、水头差、结构粗的雕刻料相当。在早期生成的翡翠中也可见少量祖母绿色的细脉和小块体。

■ 翡翠摆件——松鹤延年

■ 翡翠带紫罗兰色双猴献寿笔洗

翡　翠

关于翡翠何时传入中国，有人说是从汉代，也有人说是从清代，众说纷纭。宋代的大文学家欧阳修在他的《归田录》一文中对翡翠屑金有一番描述，据此推断翡翠可能在宋代以前就已经传入中国了。在《归田录》中，欧阳修是这样描述翡翠的。他说他家有一只玉瓶，小口大腹，形制古老而制作精巧，当初他从好友梅圣俞那里得到它时，以为是只普通的碧玉瓶。在颍州时，有一次拿出来让僚属们观赏，座中有一个名叫邓传吉的人，是真宗朝代的老内臣，眼光不凡，告诉他说：“皇宫中的宝物都藏在宣圣库，库中有翡翠盏一只，我见过，所以认得此瓶的质料是翡翠。”这之后，有一天他无意中把一只金环放在瓶腹信手摩擦，金屑纷纷而落，他颇为惊异，才知道翡翠还能屑金。但从现代宝石学的角度来看，彼翡翠非此翡翠。

危地马拉翡翠

危地马拉是一个具有商业性的翡翠产地。危地马拉位于中美洲，具有神秘的玛雅文化等史前文明。在玛雅文化的出土文物中，发现有大量扁圆形的翡翠制品。当时的西班牙殖民统治者只关心黄金，不看重翡翠，再加上负责守护翡翠矿山的人严守秘密，几代人之后，中美洲的翡翠开采不仅陷于停顿和消亡，而且产地的位置也再无人知晓。

■ 翡翠挂件观音像

直到 1952 年，在危地马拉北部紧邻墨西哥的地区发现了翡翠矿床，已有少量开采，当地人加工制成旅游纪念品和仿古的玛雅工艺品，这些翡翠制品结晶颗粒较粗，透明度很低，其材质仅相当于缅甸翡翠中低档的“砖头料”，能达到中档“花牌料”的很少。危地马拉翡翠中有一种呈蓝绿色的“蓝翡翠”和呈暗绿色的“黑翡翠”，相当具有经济开采价值，已有少量运往香港加工。近几年珠宝市场上出现的“墨翠”，很可能就是产自危地马拉。

美国翡翠

美国翡翠的产地和矿床主要在加州。有原生矿也有次生矿，和缅甸翡翠相比，美国翡翠大多只能用作雕刻材料，缺少首饰级的祖母绿色的翡翠。这些翡翠质地干且结构较粗。位于加利福尼亚州的门多西诺县的翡翠矿床是利奇湖矿，主要由透辉石、硬玉、石榴石及符山石的细脉体组成。大多也只是雕刻用岩石材料。因为品质低劣，至今没有大规模开采。

■ 翡翠摆件——花开富贵

■ 翡翠摆件——硕果累累

■ 翡翠摆件——其乐融融

日本翡翠

日本翡翠主要产地与矿床散布在日本新泻县、鱼川市、青海町等地。主要为原生矿，其中大多都是以钠铝辉石为主要成分的硬玉岩，因与钠长石和石英伴生，很难选出一块纯翡翠，较多是粗粒结晶的硬玉集合体，颜色以绿色、白色为主，质地较干，透明度也较低。日本出产的翡翠基本上没有使用价值。

我国是否出产翡翠？

由于我国云南与缅甸北部相邻，缅甸翡翠矿带的北延进入我国西藏境内，沿着雅鲁藏布江以南地区，这里有相同的地质条件，有可能找到翡翠矿床。有许多中国专家曾预测过翡翠可能出现的地带，也组织地质人员寻找过，但至今没有结果，故目前还未在我国发现翡翠。

■ 翡翠摆件——笑看人生

■ 翡翠挂件——祥云

■ 翡翠手镯

翡翠的性质

翡翠是目前玉石市场流行数量较大、价值较高的一种玉石，以其漂亮的颜色、玻璃般的质地而得到人们的喜爱，是市场上很受欢迎的一种玉石。翡翠的基本性质跟其化学组成、矿物组成和个体之间的结合有一定的关系，其性质比较复杂多变，但是也有一定的稳定范围。

摆件——喜结良缘

矿物组成

翡翠原石

提起翡翠的矿物组成，那是不是硬玉就是翡翠呢？答案是否定的。首先来说，硬玉是一种矿物的名称，而翡翠则是以硬玉为主的隐晶质细小的矿物所组成的集合体。组成翡翠的主要矿物成分除了硬玉以外，还有各种辉石类矿物，如透辉石、钠铬辉石、霓石、霓辉石等。还有闪石类矿物如阳起石、透闪石、角闪石等以及磁铁矿、钠长石、铬铁矿、褐铁矿和赤铁矿等矿物，这些不同矿物的组合可形成翡翠的不同品种。常见品种有主要由硬玉构成的翡翠和由闪石类矿物构成的翡翠，以及由钠铬辉石类矿物构成的翡翠。在这些不同的品种中，以上矿物的种类可以同时出现，只是其含量不同而已。

化学成分

前文提到，翡翠是由以硬玉为主的矿物集合体组成，硬玉的化学成分是钠铝硅酸盐，化学成分为 $NaAl[Si_2O_6]$，并且常含有少量的杂质离子，主要是铬、铁、锰、钙、镁、钛、硫、氯等元素的离子。而这些离子的含量和种类都对翡翠的颜色起着至关重要的作用，也是高档玉石中不可或缺的物质因素。

■ 翡翠原石

■ 翡翠福禄寿三仙摆件

翡翠挂件——祥云善照

结构构造

结构是指组成岩石的矿物的结晶程度、颗粒大小、晶体形态及它们之间相互关系的特征。构造是指岩石中不同矿物集合体之间或与岩石其他组成部分之间的排列方式及充填方式所表现出来的特点。可以用肉眼、手持放大镜或宝石显微镜观察组成玉石矿物的结构构造特征，这一点在翡翠乃至是玉石的鉴定中都起着至关重要的作用，因为玉石的结构构造是检验玉石质量的重要标准之一，也是衡量玉石价值的重要指标。翡翠的结构构造可分为以下几种：

翡翠挂件——月牙睡佛

蜻蜓翡翠胸针

粒状纤维交织结构

当你观察粒状纤维交织结构的翡翠时，会发现组成翡翠的主要矿物硬玉呈拉长的粒状或柱状，其矿物颗粒较粗，边界平直，没有遭受动力变质和明显的蚀变作用，通常这种矿物之间的结合关系被称为粒状纤维交织结构。

纤维交织结构

因为硬玉集合体形成之后，遭受后期的动力变质作用而由大颗粒的晶体破裂变成小颗粒，进一步变质强烈可形成糜棱结构，矿物颗粒发生亚颗粒化，发

■ 摆件——喜上眉梢

■ 白金镶嵌满绿马眼形翡翠戒指

生动态重结晶等现象的矿物之间的结合关系，被称为纤维交织结构。

交代结构

由后期形成的阳起石、透闪石、角闪石等矿物交代了硬玉矿物所形成的结构被称为交代结构。

翡翠的结构决定了其透明度、光泽、质地等特征。一般情况下翡翠呈块状构造。

光泽

翡翠呈玻璃油脂光泽。翡翠的光泽跟结构特征有关，翡翠结构呈粒状纤维交织结构、交代结构者矿物颗粒粗大，质地粗

■ 满阳绿翡翠吊坠

■ 如意灵猴

■ 如意福猴

糙，其光泽就差；翡翠结构呈纤维交织结构者矿物颗粒细小，质地细腻致密，其光泽就强。

透明度

透明度在玉石行业中被称为水头，翡翠常呈半透明或不透明状，翡翠的透明度，指的是光能透过翡翠的深度。若翡翠所透过的光越多，它的透明度就越好，使翡翠显得晶莹剔透，有“翠水欲滴”的感觉。行话形象地称为“水头好”或“水分足”。若光线大部分不能透过翡翠，而几乎从表面反射出去，则翡

■ 如意貔貅

■ 翡翠挂件——草莓

■ 如意金蝉

翠看上去就比较死板，感觉没有灵气，行话称之为“水头差”或“水分差”，或者说很“干”。透明度对翡翠的美观有很大的影响，因而对其价值的影响也大。透明度也跟其结构特征有关。翡翠呈粒状纤维交织结构、交代结构者矿物颗粒粗大，质地粗糙，则透明度就差，水头低；翡翠呈纤维交织结构者矿物颗粒细小，质地细腻致密，透明度就强，水头也就高。另外，翡翠中杂质元素含量太高时，其透明度也低，水头也低。

硬度

翡翠，是硬度比较大的玉石品种。因为翡翠是集合体，并且含有许多杂质矿物，其硬度可以发生变化，一般情况下，其莫氏硬度为 6.5～7。

相对密度

翡翠的相对密度与矿物种类和杂质元素的含量有关，其相对密度值有一定的变化范围，一般在 3.30~3.36 之间，平均值为 3.32。

折射率

翡翠的折射率大小与其矿物种类和杂质元素的含量有关，其值可在一定范围内发生变化，折射率值一般在 1.666~1.668 之间，平均值为 1.667。而点测法（测量折射率值的一种方法）得到的值为 1.65~1.67，平均值为 1.66。

■ 翡翠项链

■ 紫罗兰多子多福摆件

吸收光谱

翡翠的特征吸收谱线为 437 纳米。含铬翡翠的特征吸收谱线还有 690 纳米、660 纳米、630 纳米。谱线的清晰程度与翡翠的绿色有关，绿色越艳丽，诺线越清晰；否则反之。染色翡翠在 660 纳米处有吸收宽带。

荧光性

大部分的翡翠无荧光效应，少数绿色翡翠有弱绿色荧光。白弱翠中发生蚀变可产生弱蓝色荧光；漂白、注油翡翠可见橙色荧光；处理弱翠呈无 - 弱 - 中的黄绿色、蓝绿色、绿色荧光；染红色的翡翠有橙红色荧光。

■ 清 翡翠手镯

解　理

翡翠业内也把解理称为翠性。翡翠的翠性有两种含义，一是指翡翠品种中的绿色；另一种是指硬玉由于有两组完全解理，在组成弱翠集合体的表面会显示出星点状、不连续的线状的闪光，玉石行业称之为“苍蝇翅”现象。这种翠性的大小和显著程度与组成翡翠的硬玉颗粒有关，翠性小，反映硬玉颗粒小，结构致密；否则反之。

■ 摆件——一鸣惊人

■ 珠链

韧性

翡翠的韧性取决于硬玉的矿物颗粒。当硬玉颗粒细小，颗粒之间结合紧密时，韧性好；当硬玉颗粒粗大，颗粒之间结合性差时，韧性就差。

■ 翡翠花卉摆件

颜色

翡翠的颜色丰富多彩，是所有玉石中颜色最漂亮的。它的颜色主要有以下几类：

（1）白色：又称白翡，不含杂质的硬玉集合体。在自然界经常呈带弱灰色、弱绿色或带弱黄色及褐色调的白色。白翡产量大，主要作雕件。

（2）绿色：是翡翠的主要颜色，即被称为“翠”的颜色。按绿色的深浅可分为浅绿色、绿色、深绿色和墨绿色等。颜色中往往含有其他的杂色调，常见的有黄绿色、灰

■ 椭圆形翡翠珠链

■ 阳绿紫彩手镯

■ 翡翠挂件——生机勃勃

绿色、蓝绿色等。

翡翠的绿色主要是硬玉中含有微量的铬、铁等离子引起的，这些杂质离子的含量越高，绿色越深。如当硬玉中含适量的铬和微量的硫、氯离子时颜色呈翠绿色；含铬量很高时，颜色呈黑绿色；当含三价铁离子时，颜色呈发暗的绿色。翡翠因含有不同的染色离子而呈现各种颜色：通常有白、红、绿、紫、黄、粉等。纯净无杂质者为白色。若含有铬元素，则呈现出柔润艳丽的淡绿、深绿色，名之为翠，此品种最为名贵，极受人们的喜爱。若含锰则呈现淡紫色、深紫色，常称为春地或藕粉地。含铁元素，则呈现暗红、褐红、赭红色，被人们称为翡。含铬和铜元素，则呈现淡蓝、淡青色，人称橄榄水。

（3）紫色：即紫翠，又称紫罗兰。按颜色深浅可分为浅紫色、粉紫色、紫色、蓝紫色及蓝色。有人认为紫色是微量的锰引起的；也有人认为是二价铁离子和三价铁离子之间发生电子转移引起的。

■ 葫芦形珠链

（4）黄色和红色：这两种颜色均为次生颜色，是因为原生弱翠长期暴露地表发生了风化淋滤作用，使 Fe^{2+} 变为 Fe^{3+} 而形成的赤铁矿或褐铁矿所引起的。这些风化矿物呈细小的微粒状进入到翡翠颗粒之间的裂隙缝中使翡翠呈现黄色或红色。红色，即被称为“翡”。

（5）黑色：黑色弱翠有两种，一种颜色呈深墨绿色，主要是其含铁、铬的量太高所造成的，这种翡翠折射率高，密度大；另一种颜色呈深灰色－灰黑色，主要是翡翠中含有暗色矿物杂质所造成的，表面比较脏。

翡翠的颜色千变万化，其颜色的形状、组合、色的分布、色的深浅变化多端，颜色会引起翡翠品种的变化。

■ 摆件——指日高升

翡翠的功效

中国人对翡翠的喜爱自古有之，其程度更是可以跟黄金、和田玉相媲美。翡翠的温润色泽代表仁慈，坚韧的质地象征着智慧，圆滑的棱角代表公平正义，敲击时发出的清脆悦耳的声音更是廉洁美德的反映。翡翠对人体具有特殊的保健功能，不仅可以美容养颜、延年益寿，玉石中还含有多种对人体有益的微量元素。人若佩戴翡翠，这些微量元素就能通过皮肤渗入人体，可以起到平衡人体生理机能的作用。从风水学角度来说，翡翠有驱邪避灾之功效，因为翡翠的正面磁场非常强大，可以祛病延年。归结起来，翡翠的主要功效有以下几点。

■ 翡翠镶钻笑佛吊坠

■ 翡翠 A 货一夜成名挂坠

■ 翡翠如意把件

■ 翡翠 A 货冰种飘正阳绿春带彩宽镯

中国传统文化下翡翠的保健作用

早在 2000 多年前，我国人民就将玉石用于医疗保健。如《神农本草》《本草纲目》等古代医药名著中都有记载：玉石有“除中热，解烦懑，润心肺，助声喉，滋毛发，养五脏，安魂魄，疏血脉，明耳目”等疗效；有 106 种玉石用于内服外敷的治病方法。还记载：玉石若“久服耐寒暑，不饥饿，不老成神仙”。这些都是中国传统文化中对于软玉的记载，不过也同样适用于硬玉。

■ 好事成双珠链

■ 翡翠耳环

翡翠的微量元素保健作用

翡翠有很多种颜色，形成这些颜色的原因是翡翠中含有不同的化学元素。目前根据调查研究发现，翡翠中含二氧化硅 58％左右、氧化铝 23％左右、氧化钠13％左右、氧化钙1％，还有少量的氧化镁、氧化铁成分，并含有金属镍、铬、锌、锰等微量元素。长期将翡翠佩戴在身上，与人体接触摩擦，这些微量元素便会进入人的体内，平衡人体内的微量元素水平。例如锰元素可以对抗自由基对人体造成的损伤，参与蛋白质、维生素的合成，促进血液循环，加速新陈代谢、

天然翡翠葡萄配钻石项链

翡翠 B+C 货

抗衰老。锌元素可以调节能量代谢，促进儿童智力发育，维护人体的免疫功能。翡翠蕴涵的微量元素可以看作矿物药物，此为翡翠的微量元素对于人体的保健作用。翡翠乃稀世之宝，它含有人体所需的镍、钴、硒、锌、锰、镁、钙等 30 多种对人体有益的微量元素，其中占 40％的镁元素是形成叶绿素的主要成分之一，镁元素也存在于人体细胞中。翡翠能使生活饮用水和自然水变成活性水，帮助人体提高免疫力。

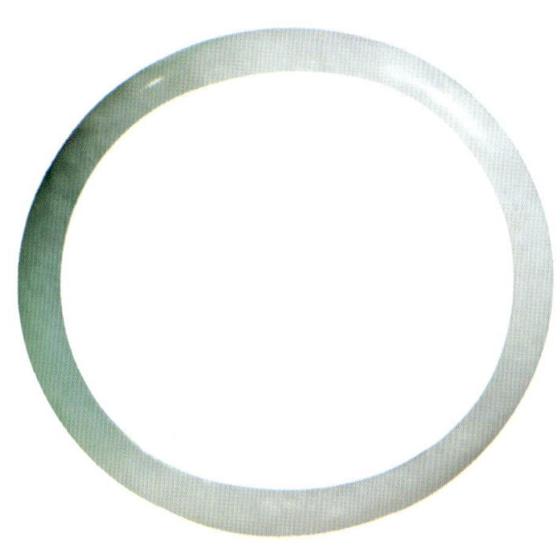

翡翠白地青手镯

翡翠对于穴位的保健作用

翡翠对于穴位也有保健作用，首先要从翡翠手镯说起。在女人的饰物中，手镯成为了永恒的流行饰品，手镯已经流行了几千年，而且还会继续流行下去。因为佩戴手镯，不单单是好看，而且对身体也是有好处的。手镯佩戴的手腕上主要有内关、外关等穴位。手镯的摩擦和重量，都会对内关、外关等穴位产生作用，促进手臂血液循环，软化血管，帮助人体排除毒素等。

天然翡翠硬度好、色彩艳丽、亮度强，所以具有唯一性，而人们都希望自己佩戴的东西有个性，因此翡翠备受女人们的青睐，但凡是女人都喜欢佩戴翡翠玉镯。

■ 手工雕花开富贵翡翠手镯

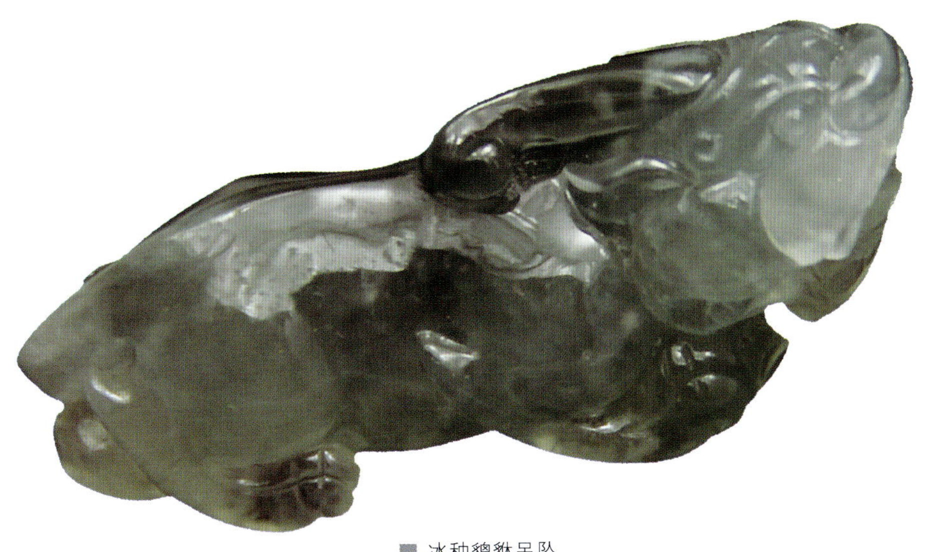

冰种貔貅吊坠

戴玉的好处

[白玉] 有镇静，安神之功。

[青玉] 避邪恶，使人精力旺盛。

[岫岩玉] 对男性阳痿患者很有效，能提高人的生育能力。

[翡翠] 能缓解呼吸道系统的病痛，能帮助人克服抑郁。

[独玉] 润心肺，清胃火，明目养颜。

[玛瑙] 清热明目。

[老玉] 解毒，清黄水，解鼠疮，滋阴乌须，治痰迷惊，疳疮。

天然梨形翡翠耳环

冰种四季豆吊坠

翡翠福绿项链

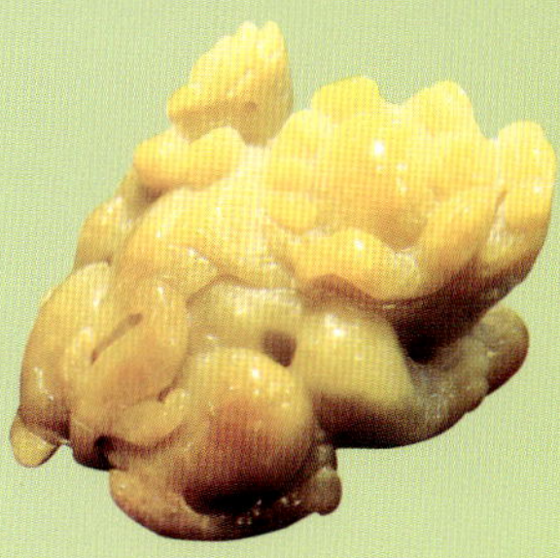

金玉良缘——翡翠的种类及皮色

翡翠的种类

翡翠在民间有“三十二水、七十二豆、一百零八蓝”之说，其品种之复杂可见一斑。千变万化的翡翠就好像是一位风情万种、仪态万千的东方美女，它的那种天然本色让人痴迷，让人心驰神往。

翡翠的种类除了以前流行的老种、新种和新老种的传统分类之外，现今市场上又将翡翠品种的概念进一步细分化、具体化、形象化，因此很多新品种派生出来，并逐渐形成了品种的概念。这也从侧面反映出了人们对于翡翠深切的喜爱和强烈的渴望。

■ 清翡翠三连环耳环

■ 翡翠摆件——掌握先机

■ 玻璃种观音吊坠

玻璃种

顾名思义，玻璃种翡翠就是像玻璃一样清澈透明，质地细腻纯净无瑕，结晶颗粒致密。玻璃种翡翠的透明度可以跟玻璃相媲美，甚至达到完全透明，这对于多晶集合体的翡翠来说是难能可贵的。玻璃种是翡翠中的极品，其价格在所有翡翠品种中自然也是独占鳌头的。

上好的玻璃种翡翠，用肉眼可以看到莹光，就是玻璃种翡翠的表面有一种略带蓝色色调的浮光游动，也就是行家所说的

■ 玻璃种绿翡翠凤凰向日

“起莹”和“起杠”，值得一提的是，此“莹光”非彼“荧光”，二者之间没有联系。前者是由于透明度极高的玻璃种翡翠有玻璃光泽，让翡翠看起来具有晶莹透亮的感觉；后者则是指在荧光灯下，宝石受外界能量的激发之后发出的荧光，通常天然的没有经过任何人工处理的翡翠是没有荧光的。凡是起莹的玻璃种都是极品中的极品，任何从事翡翠经营的玉石商和翡翠收藏的爱好者都对其心驰神往。一般情况下，玻璃种均出自老坑，所以行业中也常称其为“老坑玻璃种”。老坑玻璃种是山川大地亿万年之精华，历史上所谓的“帝王绿翡翠”就大多属于老坑玻璃种。

玻璃种观音

冰种手镯

■ 玻璃种苹果绿挂件

玻璃种翡翠饰品在加工时为显示出其晶莹剔透的质地，常加工成厚桩、素面形，其上尽可能少做雕刻的花纹，而留出大的光滑平面，如果必须做些雕刻纹饰，也是以不伤原料为原则，行业称此种雕工为“透水”，属高档品中的极品。有幸得到老坑玻璃种原料的人往往喜欢将其加工成极品戒指蛋面或手镯。

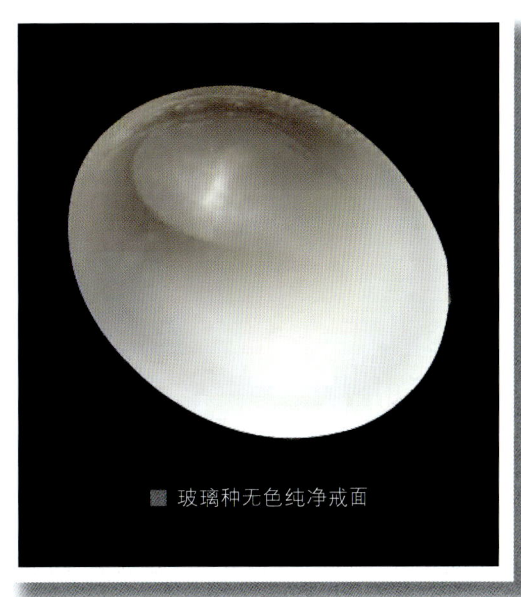

■ 玻璃种无色纯净戒面

玻璃种的翡翠如果没有任何颜色，行话称之为“白玻璃”，这种原材料制成任何成品都是让收藏者争相购买的对象。

如果玻璃种翡翠带色，色浓翠艳夺目、色正不邪、色均匀和谐、色阳悦目，业内则称其为“色玻璃”，有时也称作“老坑满绿玻璃种”，这种翡翠的质地与质量在行业内或收藏业内是非常难得的。

■ 冰种冰飘花

冰　种

冰种翡翠质地也非常透明，不过跟玻璃种比起来还是略逊一筹。玻璃种翡翠的内部如果有一丝杂质都会暴露无疑，而冰种翡翠虽然也很透明，但是相比之下杂质要多一些。

业界通常把冰种翡翠中质量最好、透明度最高的称为高冰种，意思是指冰种中最好的一种，但是从某种程度上却又没有能达到玻璃种的程度。

■ 冰种荷叶鱼牌挂件

高冰种在专业上很难定义，但是在商业中却经常出现，也许人们认为翡翠玻璃种和冰种的称谓还不足以分清它们的区别吧。冰种翡翠清亮似水，给人以冰清玉莹的感觉，敲击玉体音呈金属脆声，玉体形貌观感似冰晶。无色或少色，粒度均匀一致，晶粒肉眼能辨，硬玉质

■ 冰种阳绿翡翠大佛吊坠

纯无杂质，质地细润，无裂绺棉纹或稀少。有的将冰种细分为冰种、准冰种。冰种水头足，很透明，质地极佳。准冰种水头较好，半透明，质地很佳。若冰种翡翠中有絮花状或断断续续的脉带状的蓝颜色，则称这样的翡翠为“蓝花冰”，是冰种翡翠中一个常见的品种。无色的冰种翡翠和“蓝花冰”翡翠的价值没有明显的高低之分，其实际价格主要取决于人们的喜好。在市场中，一副好的冰种翡翠手镯，通常可值数万元人民币。

■ 冰种坐观音吊坠

尽管冰种翡翠看上去跟玻璃种翡翠一样，有着纯净透明的品质，但是跟玻璃种不同的是，它只有三分温润，却有七分冰冷。冰种翡翠的经济价值没有玻璃种翡翠那样昂贵，不过除去商业因素，真正的冰

冰种水滴吊坠

种翡翠也是相当难得的。正因如此，冰种翡翠得到了行业内如下的赞美：“冰种手镯洗尽浮华尽显沉静，是成熟女性的绝佳首饰；冰种吊牌一扫浮躁，是稳重男士的最好选择。”

为什么说“外行看色，内行看种”？

翡翠的种是翡翠的质地与透明度的总称，也是评价翡翠好坏的一个重要标志，故有“外行看色，内行看种”的说法。一般初识翡翠的人只会欣赏翡翠的颜色，而懂得翡翠的人却十分留意翡翠的种质。行家在挑选翡翠的时候，不怕翡翠没有颜色，就怕翡翠没有好的种。翡翠的种就是翡翠质量的基础，而颜色就像是建立在基础上的建筑。例如，有的翡翠虽有绿色，但种却很差，给人一种干巴巴的感觉，缺少灵性。而如果翡翠的种水好，质地细腻通透，那么颜色浅的翡翠可以显得滋润晶莹；绿色的翡翠则会显得色泽均匀饱满、水灵明澈、充满灵气。所以，在鉴别翡翠时，应将种水放在首要位置，颜色置于其次，这也符合中国人评价玉料时“首德次符”的审美观和价值观。

糯化种飘蓝花翡翠观音挂件

糯化种

糯化种翡翠是继玻璃种和冰种之后的另一个品种，主要特点就是透明度比冰种略低，给人的感觉就像是浑浊的糯米汤一样，属半透明范畴。

糯化种又可详细分为糯冰种和糯米种。糯冰种是指跟冰种相比稍微浑浊的种分，就像杂质略多的冰一样，不过也有学者将其归类为冰种。糯米种的透明度更低一些，而且在翡翠内部常会分布大量细小的杂质组分，给人的感觉不但浑浊，而且显得不够纯净。

糯化种翡翠弥勒佛

糯化种翡翠的成品大多见于手镯或小的挂件和牌片。如果在糯化种的翡翠手镯上能飘浮些绿、蓝绿等颜色的“花”，那么这种手镯就被同行称为“水地飘绿花”或“水地飘蓝花”，其价值也较高，而且更适合普通人的消费水平。如果说“水地飘花”的手镯没有绺裂，那么也可以算得上是值得收藏佳品了。

■ 糯化种观音头挂件

■ 满色糯化种翡翠平安扣

■ 白地青种翡翠弥勒佛

白地青种

白地青种的翡翠以白色为底（地子），绿色似云朵般飘浮，云朵成块、成团、成片或成岛屿状，不过这些绿色只是漂浮在白色的底上，并未与底很好地融合在一起。白地青种翡翠质地细腻但不温润，肉眼尚能辨认晶体轮廓；大多数呈斑状分布；翡翠整体不透明，部分微透明。特点是底色雪白，敲击翠体的声音略带金属的脆声。

■ 白地青种翡翠平安佩

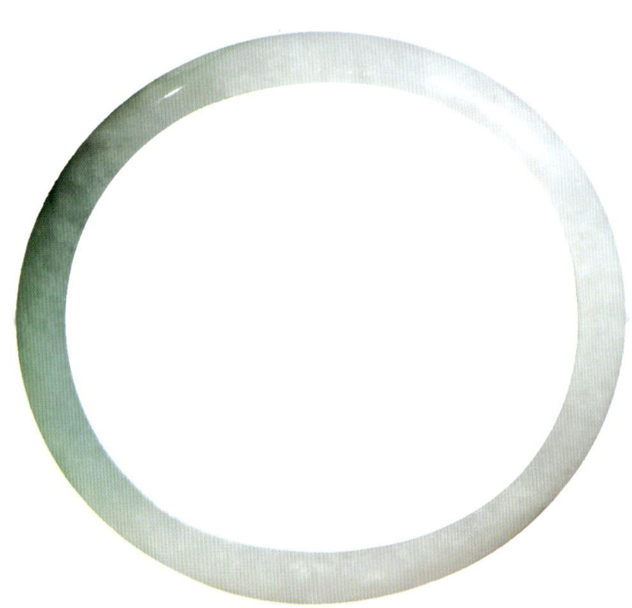

■ 白地青种翡翠手镯

白地青种翡翠通常做成各种小型摆件，利用它上面各种形状的绿色进行创意，俏色雕琢成具有美好吉祥寓意的摆件。白地青种翡翠的质地较差，几乎不透明，质地上乘的白地青种翡翠也只能达到瓷地，即类似于瓷器的质地。基于以上因素，白地青种翡翠一般不会被刻意精雕细刻，所以整体价格不是很高，常用来做家庭摆放或办公室陈列，不能用来做顶级的收藏品。

■ 白地青种翡翠花蝶佩

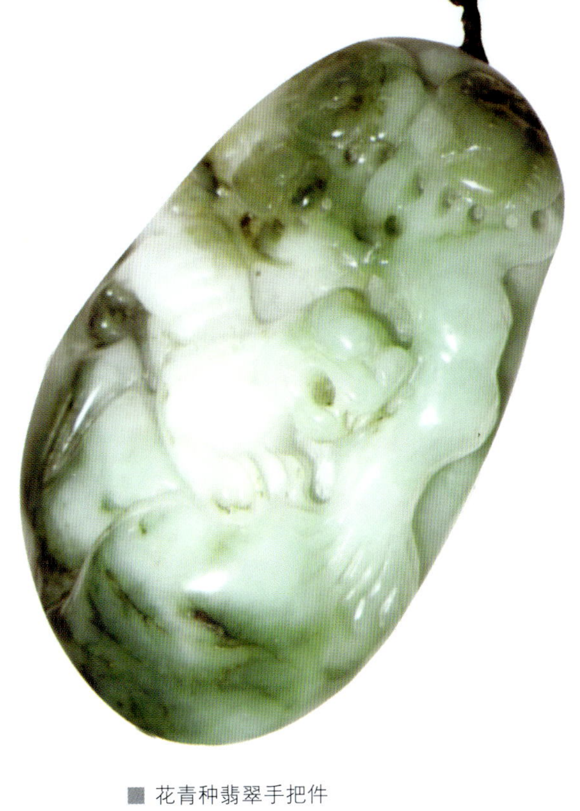

■ 花青种翡翠手把件

■ 花青种翡翠耳坠

花青种

花青种翡翠跟白地青种翡翠有相似之处。花青种的颜色以绿色为主，绿色有浅绿、深绿，形状有丝、脉、团块状及不规则状。虽然是绿色，但色形分布非常不均匀，这也是花青种翡翠最与众不同的特点。花青种不透明至微透明，结晶颗粒较粗糙，粒状、柱状的矿物晶粒的形状肉眼下即能被轻松地辨认出，敲击翠体的声音不再清脆悠扬，而明显地沉闷起来。不规则的颜色可深可浅，分布时密时疏，因此这类翡翠被称为“花青种”。

■ 花青种翡翠手镯

■ 花青种翡翠珠链

翡翠颜色的分布大多数是不规则的，所以花青种数量众多就不足为奇了，花青种可以进一步细分为豆花青种（底为豆色，结构较粗）、马牙花青种（马牙种为底）、普通花青种（绿色不规则状或飘花）、油底花青种（油青为底，飘有绿色）等。花青种的翡翠由于底色的缘故多加工成坠饰、佩饰和雕件，由于它的质地不够细腻，透明度也很低，所以很少用来做手镯。花青种翡翠的商业价值属于中档翡翠。

■ 花青种翡翠平安扣

■ 油青种翡翠手镯

油青种

油青种翡翠的质地和颜色正如它的名字一样，是“油”与“青”的结合。或者可以说油青种翡翠虽然质地细腻，但是因为颜色发青，给人一种掺有灰、蓝的感觉，亦有浅青、深青。且并不是真正的绿色（业内通常称其为底色），因而身价不高。油青种翡翠有一个比较显著的特点，就是其底色往往都十分均匀，很少有团块状、丝带状等分布形式。油青种翡翠透明度较高，可达到半透明，这是由其致密坚韧的质地造成的，很多优质油青种翡翠可以达到玻璃种般的细腻。

■ 油青种翡翠貔貅挂件

油青种翡翠弥勒佛挂件

因为油青种翡翠质地细腻，肉眼很难辨认出其矿物组分颗粒，敲击其材料有金属般脆声。由于它表面光泽似油脂光泽，因此称为“油青种”，如果其颜色较深，行家又称之为“瓜皮油青”。行内称油青种为“较亏的品种”，意思是指虽然它的透明度、种分、颗粒细腻程度都不错，但其绿色偏灰泛蓝，给人以阴冷的感觉，致使价格始终不能走高，而只能屈居中档翡翠。有意思的是，有时候上好的油青种翡翠也会让人当成冰种来欣赏。

上好的油青种翡翠经常被人们用来做成手镯、花件和各种中档戒面，但人们很少用它做雕件。优质的油青种翡翠颜色单一且半透明，雕刻时也少作雕工，多保留光滑平面，以显示其细腻的质地与较高的透明度。

油青种翡翠曾于 20 世纪 80 ~ 90 年代在我国大陆珠宝市场上大放异彩，因为当时大陆的消费水平普遍较低，高绿或满绿的翠饰是人们可望而不可求的，而油青种翡翠价格相对较低，颜色虽明显偏灰、偏蓝，但还算是绿色，同时市场上又缺乏鲜艳的绿色与之对比，加之质地细腻，透明度还很不错，恰好满足了大众消费的需求，因此才会独领风骚多年。时至今日，半透明、深沉绿色的油青种翡翠，仍然是不少中、老年消费者佩戴或收藏翡翠时的首选。不过专家建议，比较有经济能力的消费者还是不要购买油青种翡翠，因为油青种翡翠的色调着实让人感到压抑沉闷。如果非要购买，那么选购时应该多观察，因为油青种翡翠的色调有一定的变化，多找一下内心的感觉，尽量选购适合自己情感需要或视觉需要的色调的油青种翡翠，切勿看到颜色就以为是绿色。

■ 油青种翡翠螭龙如意手把件

■ 油青种翡翠手镯

芙蓉种

芙蓉种翡翠，其颜色一般为淡绿色，不含黄色调，绿得较为清澈、纯正，通体色泽一致，因此使人感到比较清澈。它的质地比豆种细，结构略有颗粒感，但由于颜色浅淡且透明度较高，颗粒间的边界是很难看到的。芙蓉种常给人一半清澈、一半温润的感觉，其质地虽然不像玻璃种那样晶莹剔透，却也不亚于冰种的冰清玉洁。所以通常情况下，我们都把它归为中高档翡翠的范畴，芙蓉种翡翠的价格适中，易被一般人所接受。如果其中有深绿色的脉则称作“芙蓉起青根”，其中分布有不规则较深的绿色时又称作“花青芙蓉种”。

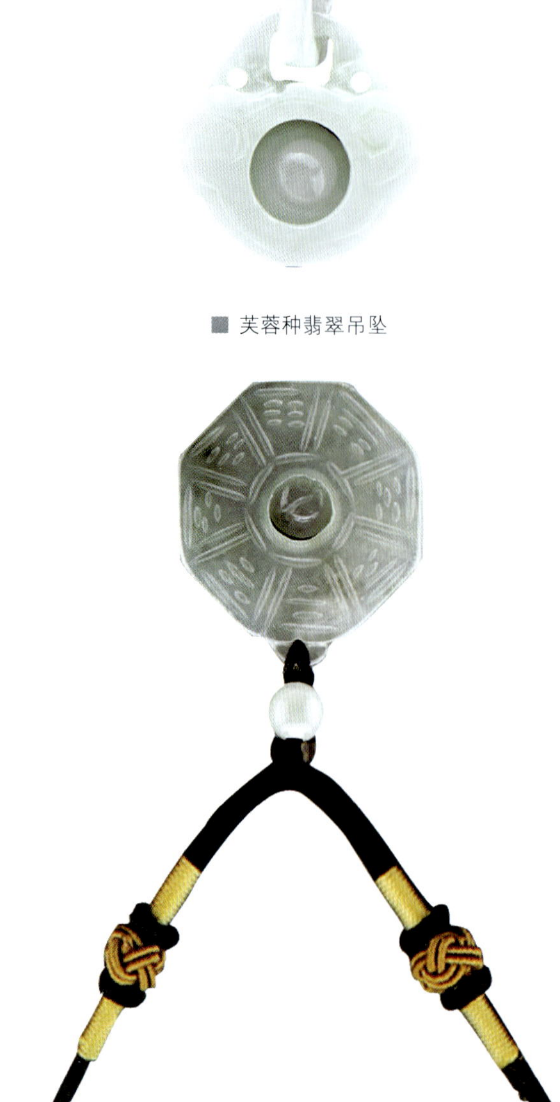

■ 芙蓉种翡翠吊坠

■ 芙蓉种八卦相翡翠吊坠

■ 芙蓉种翡翠手镯

由于芙蓉种翡翠的颜色较淡，所以将芙蓉种翡翠制成手镯是不错的选择，这种手镯很少有绺裂和杂质，颜色清爽、质地较细、透明度较高，虽然每项指标都不是顶级，但组合在一起却效果奇佳，而价格也只能算中等偏上，所以为工薪阶层所喜爱，非常适合中、青年女士佩戴。当然，芙蓉种翡翠也可雕刻成佩饰、坠饰等，特点是少作雕工，多保留大光面，以体现其整体的种水与颜色的和谐搭配。

■ 干青种翡翠吊坠

干青种

干青种翡翠是质量偏低的品种，人们鉴别时通常把它跟油青种翡翠作比对。干青种翡翠颜色纯正，浓绿悦目，有时偏暗发黑，最突出的特点是质地粗糙干涩、不透明，阳光照射不进去，与油青种翡翠形

■ 铁龙生种翡翠吊坠

成鲜明的对比。油青种翡翠已经很难跻身高档翡翠行列了，干青种翡翠的质地更差，其价值跟油青种翡翠相比自然要低很多。

干青翡翠的矿物组分颗粒结晶较好，颗粒度往往较大，肉眼即能辨认出粒状或柱状的晶体颗粒。干青种翡翠的主要矿物组分为钠铬辉石（又称陨铬辉石），20 世纪 90 年代又出现了一个新的小品种，被业界称为“铁龙生”。也有人将铁龙生归为单独的一类，其实从宝石学的角度来看，铁龙生的主要矿物组分就是钠铬辉石，而且其显微结构

■ 干青种翡翠吊坠

■ 干青种翡翠平安扣

■ 干青种翡翠挂件

也和其他干青种翡翠是相同的，所以应属于干青种翡翠。

质地上好的干青种翡翠经常采用贵金属镶嵌的工艺，这是因为干青种颜色往往很绿，但是质地较差，透明度相应很低，所以采取将原料磨薄的工艺，以扬颜色之长，避种水之短。但是因为质地较差而会出现断裂的可能，所以干青种翡翠常采用 18K 金衬底的工艺，其目的在于保护较薄的干青种翡翠不断裂，同时达到提高透明度与降低颜色的作用。

■ 干青种降龙如意牌

■ 豆种翡翠平安扣

豆　种

豆种是翡翠中最为常见的品种，业界有着“十种九豆”的说法。豆种翡翠在市场上的占有率是很多其他翡翠品种所望尘莫及的。豆种翡翠的特征非常明显，颜色通常都比较鲜艳，大多呈绿色或青色，质地粗疏，透明度有如雾里看花，绿者为豆绿种，青者为豆青种，此外还有冰豆种、糖豆种、田豆种、油豆种和彩豆种等近 10 种的小品种。

■ 豆种翡翠镯芯料

豆种翡翠往往用来做中档佩饰、手镯、雕件等，几乎涵盖了所有翡翠成品的类型。豆种翡翠的价值属于中高档，

■ 豆种翡翠马到成功挂件

因为它带有人们最喜爱的绿色，虽然算不上碧翠欲滴，但是整体的色调明快漂亮，比较符合中国人的审美情趣。而且市场上有相当一部分翡翠珠链就是豆种产品，优质的豆种珠链少则几十万元一串，多则几百万元一串。

■ 豆种翡翠飘花手镯

■ 金丝玻璃种手镯

■ 金丝种翡翠摆件

金丝种

金丝种翡翠是一个比较稀少但价值却不高的品种。金丝种的质地属于中上，比较细腻，略具透明度，裂绺棉纹较少。其最大的特点就是颜色呈丝状分布，而且还可以多条并行。这些丝细分为乱丝（丝杂乱）、片丝（丝片平行）、顺丝（丝定向、平行）、黑丝（翠绿中有黑色纹伴生），互相是平行排列的，可以清晰看到绿色是沿一定方向间断出现的，当然绿丝可粗可细。金丝种的翠体呈透明至半透明，质地细润，裂绺棉纹较少。矿物结晶颗粒稍粗，肉眼尚能辨认呈柱状或粒状的晶体轮廓，敲击原料的声

■ 金丝种翡翠诸事如意挂坠

■ 金丝种翡翠吊坠

音呈金属脆声。金丝种翡翠的质量要看它绿色丝带的色泽和绿色丝所占比例的多少，以及质地粗细的情况而定。颜色条带粗、绿色丝细而密、占面积比例大、颜色又比较鲜艳的，价值自然就高；反之，颜色丝带稀稀落落或绿丝断断续续，颜色又浅的就便宜多了。金丝种翡翠多加工成佩饰、坠饰、手镯等，色好、种水又好的在加工时也要注意尽量少作雕刻，行业称此为不“伤料”。如果必须做纹饰或图案的，应尽量按平行丝的分布走向。配合绿丝的走势，以求达到最佳的视觉效果。

■ 金丝种圆满吊坠

■ 金丝种翡翠手镯

马牙种

马牙种翡翠质地比较细，但是不透明，表面有着瓷器光泽。马牙种翡翠多为绿色，可混有浅绿、褐等颜色。乍一看质地不错，但是仔细观察底子泛青白色，绿中常常有很细的一丝丝白条，有时可见团块状的白棉。马牙种虽有一定的颜色，但由于不够透明，行话称不够水分或水头短，所以价值不高。这种翡翠的矿物结晶颗粒较粗，肉眼下能辨认晶体轮廓，敲击原料的声音呈石声。马牙种的翡翠往往做成各种小型的摆件或把玩件等，主要是利用其上各种色调的绿色进行创意，然后加以俏雕，一般不值得精雕细刻。马牙种翡翠在当今市场中的价格并不高，属于中档货。市场中的成品多为扳指、烟嘴、鼻烟壶等。

■ 马牙种翡翠吊坠

■ 马牙种

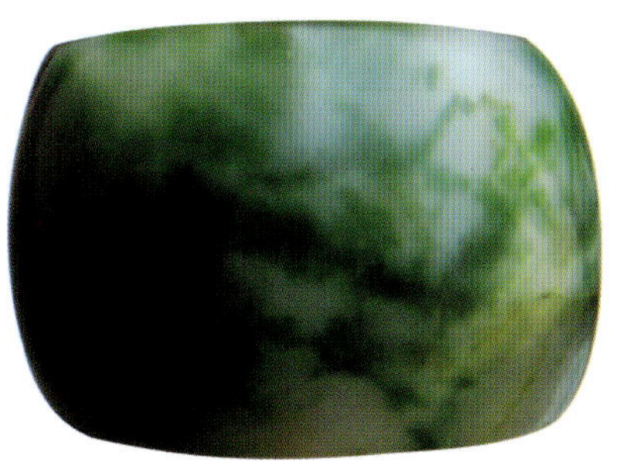

■ 马牙种翡翠扳指

■ 紫罗兰翡翠摆件

■ 紫罗兰翡翠项链

紫罗兰种

紫罗兰种翡翠是一种特殊的品种，行内习惯于称“春”。这种翡翠的颜色通常都是淡紫色，就好像紫罗兰花的紫色，由此命名。

紫色是古代帝王和中国道教崇拜的颜色，所谓“紫气东来”“紫衣绶带”就是紫色地位的写照，所以紫色就成了富贵、华丽和神秘的象征。紫罗兰的首饰贵气袭人、紫若烟霞，宛若一位贵妃姗姗而来。大概正是因为这些，紫罗兰种翡翠的首饰深受东西方女性的喜爱。紫罗兰种翡翠在一般的黄光下面看，颜色会显得比较深，选购收藏时最好在标准晴天的自然光下观看。紫色深、透明度高、质地细的翡翠很罕见，欧美人对紫罗兰翡翠一直都情有独钟。

墨　翠

墨即是黑，翠则是指翡翠颜色中的绿色。墨翠色重质腻、纹理细致、漆黑如墨却光洁可爱。从表面上看，墨翠是黑色的，而且越好的墨翠颜色越黑，但是它的真正颜色并不是黑色，在透射光下会显示幽深的墨绿色或者暗绿色。墨翠的质地与普通翡翠是一样的，有好也有坏。

通常来说，质地越细腻的墨翠质量就越高，透明度也就越高。这里说的透明度是指在强光照射的条件下，因为无论多好的墨翠，也达不到玻璃种翡翠的透明度。大多数的墨翠质地比较粗糙，肉眼看上去可以感觉到玉石内部的颗粒，这种墨翠，即便是在强光的照射下，也很难达到透明的状态。

■ 墨翠翡翠关公

■ 墨翠笑佛吊坠

■ 墨翠种翡翠吉祥如意观音吊坠

墨翠的主要矿物为绿辉石，含有少量的硬玉、钠铬辉石、钠长石、透闪石等矿物。墨翠的晶体的排列和结合有好与差之分，因此存在致密度的差异，形成硬度和光泽的不一致。晶体颗粒粗细以及致密度决定墨翠的透明度的强弱，因为墨翠的色调很深。因此透光度一般较差，为半透明到不透明。墨翠内部的石棉一般为灰白色或蓝白色，石棉的形状和分布很不规则。墨翠是翡翠中的一个新品种，近几年才开始流行起来。很多人对墨翠这个名字非常陌生，但是又对它非常好奇，其实它算不上高档翡翠。因为它埋藏于地表深处，产量稀少，开采有限，因此墨翠在翡翠市场的占有率非常低，加上墨翠不透明而且又是黑色，所以所有的墨翠都成了用来体现优质雕刻工艺的上等材料，事实上，

■ 缅甸天然老抗翡翠（年年生娃）摆件

墨翠的雕刻工艺师们也正是这样做的。墨翠的雕刻加工主要在云南的瑞丽市，虽然墨翠也是翡翠，但在当地，墨翠的雕刻与翡翠的雕刻是截然不同的。翡翠在雕刻过程中根据原料的水头、种分与颜色的不同而调整雕刻的风格，目的在于突出或增加原料的透明度和颜色，在雕刻的过程中不一定要花费大量的精力精雕细刻。

墨翠原料由于本身透明度与颜色的限制，其击之金石之声，素为刀工之珍料，根本不需要在雕刻工艺上有所保留，反之，雕刻师们要尽自己所能采用最好的工艺。

墨翠的雕刻图案绝大多数是以传统的中国吉祥题材为主。目前在市场上最常见的有“马上封侯”“马上发财”“五鼠运财”“天中辟邪”“钟馗增福”“英雄立志”“连年有余”“并蒂同心”“喜得连科”“三阳开泰”“麒麟送子”“福在眼前”“松鹤延年”等。使得人们在佩戴墨翠的同时能够感受玉石带来的良好祝愿。墨翠的价值主要体现在原材料质地与雕刻工艺两方面。它独特的隐性颜色特征，再配上中国的雕刻艺术和玉文化，所以就极具诱惑力，如果是种水好品质高的，更是价值不菲。

■ 墨翠种翡翠吉祥如意牌

■ 墨玉翡翠宽边手镯

红　翠

红翠在翡翠市场中较为常见，是指颜色鲜红或橙红的翡翠。红翡的颜色是硬玉晶体生成后才形成的，因赤铁矿浸染所致。其特点为深红色或亮红色，好的红翡颜色极佳，具有玻璃光泽，其透明度为半透明状，红翡制品常为中档或中低档商品。不过也有高档的红翡，色泽明丽、质地细腻、非常漂亮，深受人们的喜爱，红翠是具有吉庆色彩的翡翠。

■ 红翡龙牌挂件

■ 红翡翠吊坠

■ 红翡叶子挂件

黄棕翡翠

黄棕翡翠是颜色从黄到棕黄或褐黄的翡翠，其透明程度较低。这一系列颜色的翡翠制品在市场中随处可见。它们的颜色也是硬玉晶体生成后才形成，常常分布于红色层之上，是由褐铁矿浸染所致。

在翡翠市场中，黄棕翡翠的价格通常要低于红翠，而褐黄翡的价格又次之。但也有因人们喜爱及饰品别具特色而使其价格有别于常规的情况。

黄棕翡翠手镯

翡翠的皮色

翡翠皮色是什么？翡翠皮色指的是翡翠风化外皮的颜色。翡翠原石的外皮经过风化而发生变化，并且逐渐地由表及里，表皮的颜色受风化作用最强，而在由表及里的过程中逐渐淡化，到达翡翠内部时，已经看不到任何翡翠外皮上的颜色。这个由表及里过渡的各部分在行业中称为“皮、雾、肉”。皮、雾、肉特征也是行家评判翡翠赌石的重要依据。

翡翠的皮

翡翠原石大多数都有风化壳，风化壳是翡翠原石在地质搬运过程中经风化作用形成的产物，称为皮壳。皮的颜色有黄、褐、浅黄、黑、灰、白等色，根据皮的致密程度、光润度、颜色、凸凹度可大概得知翡翠内部的水头好坏、底

刘海戏金蟾翡翠摆件

的好坏、色彩、种的老嫩及裂绺多少。如果翡翠的皮致密细润，通常显示其内部杂质少、透明度好；皮表面表现为不明显之苔状物，常反映其内可能有绿色；皮面凸凹不平粗糙者，显示其内裂隙多，质地疏松、水差；此外，翡翠皮上颜色变化大，且有黑癣之类的条带斑块者，就应注意有绿色出现的可能。

皮壳比较粗糙、有砂粒感的翡翠原石，称为砂皮石。根据砂皮的颜色可分为黄砂皮、白砂皮、铁砂皮、黑乌砂皮等。其中黄砂皮的翡翠原石内部可能有较多的绿色，但多数颜色不均匀，有时也可能有较浓艳的色根；

■ 翡翠原石

■ 癞济翡翠雕件

翡翠原石皮壳

白砂皮翡翠内部通常没有颜色，即便有也是淡淡的紫色或绿色，但一般透明度较好；黄白砂皮的手感较粗，细砂脱落者一般水头足；褐色皮也称为黄鳝皮，一般种很老，若皮细嫩并见苔藓状及黑色条带覆盖，其内水好可能有高翠；一般认为铁砂皮的皮壳很薄，内部品质较好，可出高档料；黑乌砂皮为颜色较深的黑色、绿色，内部有较深绿色部分的可能性大，甚至可出现满绿的翡翠，但黑乌砂皮翡翠原石变化非常大，含铁等杂质很多，有的里面绿中带黑点，有的里面绿很干，有的里面绿很脏；石灰皮呈灰白色，皮较软，可用铁刷子刷掉石灰皮层，内部一般质地较好。此外，还有经过水的冲刷，外皮光滑，手摸上去没有砂的感觉，很细腻的水石皮。这种皮很薄，颜色也有多种，有青色、淡黄色、褐色等。由于水皮石的皮很薄，强光可以透过翡翠原石表面的不同深度，以此判断里面的情况。

鲤鱼跃龙门翡翠挂件

总之，可根据翡翠皮壳的致密程度、颜色、光润程度、厚薄程度等，推断翡翠内部的颜色、透明度、净度、结构等优劣程度，综合判断估计其内部情况。红皮常用来做摆件或手把件，并尽量大面积保留其外皮，以形成其特色，但很少能成就珍品。黄皮质地较粗糙，反映出其内部矿物组成成分不纯，而且含锰、铁等较多。浅色土黄皮的颜色为橙黄至土黄，表面略粗糙，属砂皮。从皮壳上分析内部可能有高翠产出。

翡翠是否会褪色?

被制成首饰的天然翡翠，有些在佩戴一段时间之后，颜色会出现好的变化：若翡翠原本稍带翠色，那么经过一段时间的佩戴，绿色会变得比以前更鲜亮灵动；若翡翠原本无绿色，经过一段时间的佩戴，其整体看起来光泽润度都会变得更好。

有些人佩戴天然翡翠饰品很长时间之后，会发现翡翠饰品中的绿色有扩散。这是翡翠制品所特有的一种现象，这种现象在行内被称为“走绿”。发生“走绿”现象的翡翠都有一个必要条件，那就是玉件杂质中含有铬元素。这种现象的原理是，人在长期佩戴翡翠饰品时，人体的汗液、体温的长期接触会将翡翠中部分杂质除去，而原先被这些杂质遮掩的翠色就显露出来了。这种情形在手镯及花坠饰品中较为多见。当然，“走绿”的变化极其缓慢，而且绿色扩散也较轻微，不可能由松花绿，一变而为满绿。

■ 笑佛翡翠挂件

翡翠的雾

雾是指存在于外层风化壳与内部翡翠之间的一层雾状不透明物质，实际上是硬玉矿物退变质作用的结果。因为温度的降低及压力的增加，原生矿物硬玉发生退变质，新的次生矿物包裹在硬玉岩外部，形成了中心部分是硬玉岩、外面是次生矿物层、最外层是风化壳的格局。简单来说，雾是指翡翠的皮（已风化或氧化）与翡翠内部（无风化或氧化）或称肉之间的一种半氧化微风化的硬玉层。实际上它也是翡翠的一部分，是从风化壳到未风化的肉（翡翠）的一个过渡带，这些次生矿物主要是纳长石和霞石。

雾与肉通常有较为明显的界线，但是二者在矿物成分和物理性质方面的差别不是很大。雾的厚度变化很大，有厚有薄，较为常见的在 1 厘米左右，也有厚者可达数厘米，玉质不佳的，雾常常较厚一些。雾有不同的颜色，如有白雾、

■ 双生童子翡翠挂件

黄雾、黑雾和红雾等等。一些行家认为，白雾和黄雾反映出较好的玉质，红雾次之，黑雾最差。橙黄的雾在各种雾的颜色中属稀有品种，虽然价格不高，但值得收藏。从外面的黄砂皮到中间的黄雾，最后到内部的肉，几乎所有的翡翠原石都有这样的一个由表及里的变化过程。黄砂皮是常见的翡翠皮壳的一种，内部的质地往往不好不坏，属中等。红雾颜色鲜红且透明度尚佳，如能辅以优秀创意与雕琢定能成为收藏佳品。

雾的有无及雾的颜色可以反映原岩的信息。雾的出现是有翠色的一种预兆，不同颜色的雾具有不同的指示作用，能指示出翡翠内部杂质多少，种是老是新，透明度的好坏及其内部的干净程度等，均不能说明其内是否有绿，与绿无关。若是把外皮磨去，露出淡浅的白色称白雾，说明其内杂质少且地子干净，含铁量不高，是较纯的硬玉岩，有一定的透明度，如果白雾之下有绿，可能会出非常纯净的翠绿，与底互相搭配则价值连城。白雾也说明种老，一般人都喜欢赌白雾。

冰飘花四季平安豆

一般红雾和黄雾都是由含铁量高导致的，而高铁又使得翡翠的绿色发暗。黄雾显示氧化铁的存在，但尚未高度氧化。若为纯净淡黄色的雾，显示杂质元素少，常出现高翠，但有时因铁离子产生的蓝绿色调进入翡翠的内部，也出现微偏蓝绿色调的绿。红雾说明其内铁的富集与高度氧化，可能致使翡翠内部出现灰底。黑雾主要为大量内部杂质引起的表象，透明度差，个别黑雾也会出现高翠，但有时水头很差。并非所有翡翠均产生雾，原生矿床出产的翡翠基本没有雾，主要是受风化程度较强的次生矿床的翡翠雾才会比较明显。

白雾又被称为“包皮水”，也称“水浸”。其特点是从外皮向内部浸入的一种灰白色调，白雾的部分透明度会有所提高。如果原料是不透明的白地青种，有雾的地方透明度会明显提高，可能提高至半透明，同时也增加了灰色调，如果原来颜色较鲜艳，白雾的存在会使绿色发灰色调，成为

冰种貔貅

暗绿，甚至变成油青色。所以对雾在赌石皮下的作用要一分为二地看待。　如果仔料的黄雾、红雾比较厚的话，也可以充分利用，可以用作黄翡、红翡，或者当作俏色雕制成摆件。如果有色黑均匀的黑雾，则可以作为墨翠的原料。黄雾外皮很薄，向内的黄雾却很明显，而且分布的厚度不均匀，说明风化的强度较高，而外皮的风化皮壳可能已经被褪掉。

值得一提的是，并非所有的翡翠都能产生雾，原生矿床出产的翡翠就基本没有雾，而主要受风化程度较强的次生矿床的翡翠，雾才会比较明显。另外，要是翡翠原石的皮上露出了雾的颜色，则称这种情况为“雾跑皮”，有一部分行家就会认为这种原石里面的肉必定会显灰色调，很有可能会极大地影响翡翠绿色的鲜艳度，是种不太好的征兆。

■ 高冰弥勒佛

■ 紫罗兰翡翠吊坠

翡翠的肉

翡翠的肉就是真正的翡翠，存在于皮与雾的下面。肉是几乎没有受到外界任何风化影响的翡翠原石，由于肉存在于翡翠原石的内部，因此相对于皮、雾的名称，肉的称谓也就自然形成了。行业内有“肉细”、“肉粗”之说，指的是翡翠质地的粗糙程度。如果组分矿物颗粒细小，则称为肉细，这种翡翠即使透明度不高，也会给人以明显的温润感；反之组分矿物颗粒粗大，则称为肉粗，这时的翠性通常都比较明显。肉细肉粗已经成为衡量翡翠质量好坏的一个重要标准了。

翡翠的“肉”

翡翠的松花

■ 冰龙翡翠挂件

翡翠表皮隐约可见的一些像干了的苔藓一样的色块、斑块、条带状物称松花，是指原来翡翠原料上的绿的表现，经风化已渐失色留下的痕迹。由于致色离子的浓度、种类和空间分布在一定的成矿时间和空间范围内是相对稳定的，所以根据松花颜色的深浅、数目的多少、散布的疏密水平、形状的转变，可以推断翡翠内部颜色面积的大小、形状、变化与分布等。

如果松花的颜色浓而鲜艳，价格就会很高；反之，如果翡翠皮壳上没有松花，内部可能很少会有色；而皮壳上多处有松花，则

■ 翡翠松花

内部可能存在颜色或者仅仅存在于表层。另外，松花是否渗入翡翠内部、渗透的深度等，也是推断颜色好坏的根据之一。观察时要依据原料仔细研究。

通过肉眼在放大镜下观察，在抛光表面一般都可见到微波状起伏，这就是翡翠表面的微波纹。翡翠表面产生微波纹的原因主要有：

（1）翡翠的晶面不同，硬度也不尽相同。矿物的硬度与晶体结构及矿物的化学成分等因素有关；也与同一晶体的不同晶面及同一晶面的不同方向有关，这就是硬度的各向异性。通常等轴晶系矿物的硬度在晶面的不同方向上十分接近，而非等轴晶系矿物的硬度之各向异性则常有表现，翡翠中的硬玉晶体就属于单斜晶系，故存在硬度异向性。

（2）翡翠表面的微波纹与其表面抛光的精细程度有关。一般抛光粗糙则微波纹不明显，抛光良好则微波纹清晰。

（3）抛光时沿翡翠的解理方向就容易剥落。当抛光面平行于部分硬玉矿物的解理面时就会造成这些硬玉的一些微细薄片剥落下来，形成微小的凹纹。

■ 冰黄龙头

招财进宝翡翠挂件

翡翠的蟒

蟒是描述翡翠原料的术语，是指翡翠中的绿色条带在风化壳上的表现形态。一般呈凸起的曲折细脉状分布在风化壳表面，犹如一条蟒蛇盘卷，是判断有无颜色及颜色分布状态的一种依据。翡翠的成岩成矿有着不同的时代，形成了成分、结构上的差异，在风化过程中产生差异，这就导致了硬度的不同。因此，翡翠的蟒带有两种，一种是对应颜色变化的“色蟒”，另一种是对应结构变化的“种蟒”。一般来说只有很老很老的翡翠上才会有蟒，平时我们常见的翡翠是没有蟒的。

冰种玉兰花

翡翠的绿色条带大多都是成岩期后改造的结果，成岩期后改造首先是在应力作用下硬玉岩塑性破裂、变形，而后含致色离子的热液侵入，进行离子交代，形成绿色条带。所以说有色条带多是变形破裂带，而这一破裂带又继续在应力和热液作用下发生了揉皱和重结晶，形成了一条结构致密的弯曲

高色蟒翡翠赌石

翡翠色带，反映在风化壳上。一般细粒致密结构比粗粒疏松结构抗风化能力强，绿色部分比无色部分抗风化能力强，所以与无色、浅色粗粒疏松结构的基底相比，细粒结构的绿色部分凸出来，形成“色蟒”。还有一种情况，翡翠颜色集中的带状区域可能含有一定的闪石或绿辉石，这两种矿物的抗风化能力均弱于无色的硬玉，因此有颜色的带状区域反而会凹陷下去。“色蟒”一般平行于绿色的走向，绿的走向也称绿的形状，大多为原生裂隙中充填了富含铬离子的物质而致色的方向。

在翡翠原石的表面，种分越好的区域，质地也就越好。所以好质地（好种分）的地方抗风化能力强，同样的外界条件下，其余部分被风化得下凹，而好质地（好种分）部位倒显得凸出来，成为“种蟒”。用手触摸翡翠原石外皮，“种蟒”会明显呈条带状凸起，并有一定的走向。

■ 龙飞凤舞翡翠挂件

翡翠的癣

癣是指在翡翠原料皮壳表面上出现的大小不同、形状各异的痕迹，以斑块状和条带状的出现为最多，是铬离子的提供者，对翡翠的绿色有浸害作用。癣在皮壳上有边缘、有层次、有走向，其形状有的似苍蝇翅膀，有的似白马牙，有的是一片片、一条条、一点点随意分布。癣很分明，大都显得光亮，不同于其他表现。癣除黑、蓝色外，还有白色、灰色或白灰色。癣是皮壳上的一种表现，对块体内部有重大影响，对它的识别和分析有助于人们准确地进行推断和认定，为切石或赌石找到可靠的依据。

■ 翡翠手镯

在翡翠成岩初期，由癣内释放出导致

翡翠呈绿色的铬离子，在适当的条件下进入矿物晶格致色，因此行话称“绿随黑走”或“癣吃绿”。癣与绿有着密切的关系，但有癣不一定有绿，有绿不一定有癣，这要看癣的生成时间与环境，以及癣内是否有铬离子的存在等因素。所以民间也有“活癣”与“死癣”之说。

在翡翠的生成过程中及之后的多次地质运动、热液活动中，有铬离子释放的地质环境，可使翡翠变绿。这时未必有癣，即使有癣，癣与绿的关系也不大。若癣与翡翠共生，又适于铬离子释放的地质条件如热液活动，癣内的铬就不断释放致色离子，当地质环境的改变对铬离子释放致色离子不利时，铬离子终止致色，就会产生黑随绿走的现象，称“活癣”。生成翡翠以后产生的癣，没有铬离子释放的地质条件产生的癣称“死癣”。活癣颜色鲜艳亮丽，而死癣颜色暗淡发黑。根据翡翠原料上的绿与癣、翡翠主矿物与癣的穿插关系，可准确判断出活癣与死癣。

癣的主要矿物成分是碱性角闪石，通常呈纤维状、柱状集合体，呈蓝黑色、靛蓝色，往往围绕辉石，尤其对硬玉呈边缘交代或完全交代的状态，与皮壳围

■ 翡翠香炉

冰飘花一夜成名

的物质有明显的颜色变化。如果在一个面上出现大量的片状癣，而另一个面上有大量的点状癣，那么就有可能是内部含有太多产生癣的矿物；如果在两个面甚至三个面上都有癣时，有可能内部很“脏”；如果有一些癣仅仅在一个面上有表现，而且都是片状癣，就有可能仅仅在表面有一点“脏”，不会严重影响翡翠的质量。

癣与绿之间的关系可分为三种：

（1）癣与绿逐步过渡或界域分明。

（2）癣与绿相互包容不易分离。

（3）绿与癣相隔一段距离、各方单独存在。有时癣旁有“松花”显示，这指示其内有绿，但其内绿的多少、形状实在无法判断。因此行内说看翡翠原石是“三分靠眼力，七分靠运气”。

翡翠地子

地子又称地张、底张或底障，是指翡翠的绿色部分及绿色以外部分的质地和干净程度之间的协调程度。通俗地讲，地子是没有绿色的翠，而翠则是有色的地子。地子的颜色没有一定的形状和特点，常为深浅不同的无色、灰、白、藕粉及浅绿色等。地子的质地是指翡翠结构的粗细程度和水头的好坏或长短以及绺裂、杂质的多少等。

翠与周围要协调，若翠很好，但周围水差、质杂、色脏的话，称“色好地差”。翠的水与种也要协调，如种老色很好，水又好，杂质脏色少，相互衬托，就能强烈映衬出翡翠的润亮、清丽及价值来。地的结构应细腻，色调应均匀，杂质脏色少，有一定的透明度，互相照应方能称地好。好的地有蛋清地等，不好的地有石灰地、狗屎地等。水不好的翡翠称 “底干”或“地干”。

■ 清 翡翠壁

■ 翔羊翡翠挂件

■ 春带彩翡翠手镯

翡翠矿脉一旦露出地表，由于所处的环境条件与其形成时的条件差异很大，组成翡翠的各种矿物就会在空气、水的作用下，发生氧化等作用，形成高价的含铁矿物，并在外界地质作用下，离开原地，路磨蚀滚圆而形成大小不一的砾石，沉积在山谷、河床等盆地内形成砾岩或砾石。翡翠矿脉在地表所经受的这一系列的破坏作用称为风化作用，继而形成赌石特征的风化外皮。不同类型的矿床中产出的翡翠籽料的特征也多有区别，位于山坡上的残坡积矿床中产出的翡翠籽料的外皮大多较厚，比较疏松，因为残坡积矿床中翡翠原料的风化作用以化学风化为主，称为半山半水石或山石。在河床中的翡翠籽料的外皮很薄，

■ 翡翠摆件——孔雀开屏

■ 宰相肚翡翠挂件

而且皮下就是新鲜的肉，这种籽料又称水石，外皮称为水皮。水石的外皮很薄，是因为水石经受的机械风化作用强，经常受到卵石的摩擦及水流的冲刷，松软的风化皮易被磨蚀造成。介于山皮与水皮之间的仔料的外皮称为半山半水皮。砾岩中开采出来的翡翠籽料皮薄，而且遭受风化的程度较浅，但可使原来光滑的外皮呈砂粒状，而称为“水翻砂皮”。砾岩中的翡翠砾石外皮的另一个特征是覆有黑色或其他颜色的光滑胶结物。称为蜡状皮。春带彩底（地子）说是春带彩，其实应该是彩中带春，这两种颜色的致色离子不同，所以同时生于一块原石的可能性较小，因此也就更加珍贵了。

翡翠的“地子”跟“种份”的区别

翡翠的“地子”跟“种份”的概念很容易混淆，有些人就认为这两者是一样的，其实是错误的。地子是针对翡翠的质地而言，而种份则是对翡翠品质的综合评价，包含了翡翠的地子、水头和翠色等几个方面的品质。当然地子的分类也会对翡翠的水头和颜色进行参考，但是更加侧重质地，有细腻、粗糙、通透、木质等分法。

■ 葡萄美酒夜光杯

翡翠的棉

白棉是指翡翠内部见有斑块状、条带状、丝状、波纹状的半透明、微透明的白色矿物。即指翡翠通过侧光或底光的照射时，在翡翠内部出现一种絮状物，像一些棉絮状的物质，也称为“绵”。

絮状物多半是由于翡翠中硬玉矿物的颗粒裂隙、间隙和杂质包裹体对光线的反光引起，也称为粒间光学效应，这些包裹体由条带状、丝状、斑块状、波纹状的半透明、微透明的白色矿物组成。

翡翠中硬玉等矿物主要呈短柱状，大多数絮状物呈长条状，有的还可以显示组分矿物的轮廓，棉絮相互交织在一起；而一些仿翡翠制品，如由钠长石组成的石英颗粒或水沫子组成的石英岩玉矿物都是等径粒状的，所观察到的絮状物也显示的是等径

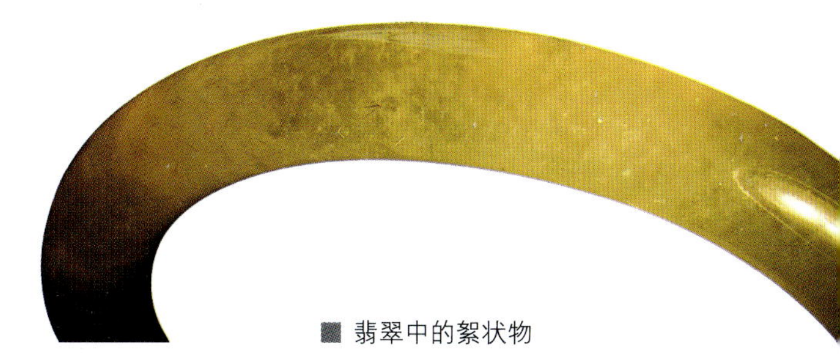

■ 翡翠中的絮状物

粒状特征。翡翠内的杂质物，严重影响了翡翠的美观跟质量。棉的存在大大降低了翡翠的价值。还有另一种解释，绿色之间的白棉也可能是硬玉本身的绿色分布不均匀而造成的。

翡翠如意

翡翠经典款式

圆条手镯：圆条手镯为最经典手镯款式，传统即是如此，十分费料，所以价值比一般手镯高，尤其以精圆厚条最贵重 。

贵妃镯：贵妃镯圈口椭圆，脱带方便，亦十分贴手，行动不易脱手，由于省料，会比普通手镯便宜 20% 。

手珠：手珠实在是非常费料的，因此种水好的手珠非常值得收藏，冰或玻璃的手珠，犹如戴上满捧露珠 。

蛋面：蛋面是翡翠款式中的经典，无论镶嵌花式，还是独颗，都非常的高贵脱俗，真正的越简洁越经典 。

圆珠项链：同理于手珠，都十分费料，如珍珠般典雅但比珍珠高贵，特别适合气质出众的女士佩带，有第一夫人风范。

耳饰：翡翠耳饰一直是传统美饰，中国饰品追求含蓄美，因此不必夸张，点睛即可。

镶钻翡翠：翡翠镶钻为近代兴起，两者结合十分完美，亦都保值升值，尤以玻璃种翡翠配钻最出色 。

翡翠情侣对：翡翠情侣对，多为同工同料，象征千万年的缘分，是十分合适的送礼、自藏的佳品。

18K金镶翡翠耳钉

■ 寿比南山翡翠挂件

翡翠的绺

说到翡翠的绺裂，绺和裂是要分开解释的，裂开的称“裂”，愈合或充填了物质的称“绺”。绺裂分为原生绺裂和次生绺裂，原生绺裂即与原石同时生成;次生绺裂则是在成岩后生成的。原生绺裂有些已被后期热液活动修复，或在后期的动力地质作用下受挤压而愈合，所以翡翠的大多数绺内充填了后期形成的矿物，尤其是碎屑物质。后期绺裂大多肉眼明显可见，行话称之为“筋”，可能筋这个字比绺要听上去感觉要好一些吧，因此“筋”这个字在翡翠行业内使用频率超过了“绺”。绺对翡翠原石的整体性破坏非常严重，行话中“绺”按形态跟大小可细分为小绺、大绺、细绺、井字绺等。有些绺裂会使绿色条带错位、切断。有些绿色条带本身就是绺裂，后被绿色物质充填，这要根据绺裂的分布估价。

■ 老翡翠心形吊坠

■ 冰种大象翡翠挂件

■ 老坑起莹光白地青翡翠花蝶佩

有几种绺裂对翡翠的影响很大，有的资料将它们称为随绿绺、截绿绺和错位绺，尤其要加以注意。

（1）随绿绺：随绿绺是沿翡翠带状绿色发育的裂隙。这可能是因为绿色部分跟其他部分相比更容易裂开。或者翡翠中的绿色带本来就是由后期热液交代作用形成的产物。如果随绿绺较大，并导致仔料破裂，整个破裂面都是非常薄的绿色，那这种就俗称“靠皮绿”。此外，随绿绺会对翡翠原料的利用造成十分不利的影响，在购买仔料时一定要加以认真考虑，要避免只追求有绿，而没有注意到同时存在绺的危险，以免造成不必要的经济损失。

（2）截绿绺：即将带状绿色拦腰截住的绺裂。当仔料上存在与色带倾斜或垂直相交的绺裂时，就要注意是否可能存在截绿绺。

（3）错位绺：错位绺虽然把色带截断，但只是错开位置，两半色带仍然在同一原料内，对绿基本上不会造成损失。

■ 天女散花翡翠挂件

翡翠的翠性

翠性多出现在柱状、粒状变晶结构中，在白色团块状的“石脑”或“石花”附近较易观察。矿物颗粒越粗大，翠性越明显，颗粒越细腻越不易观察。颗粒较粗的、抛光良好的翡翠表面常出现微波纹。这种微波是由粒状、柱状具定向分布的翡翠组分矿物颗粒间的硬度差异所造成的，是翡翠内部结构的外在体现。观察翠性时，可在灯光或阳光下，借助反射光在翡翠表面寻找微波纹以及翠性；在透射光下注意观察翡翠特征的柱粒状变晶结构。

翡翠的翠性是鉴别翡翠真假的重要标志之一。那究竟什么才是翡翠的翠性呢？通常来说，翡翠的翠性是指翡翠中主要组分矿物硬玉的颗粒大小和相互组合关系在肉眼观察下的直观表现形式。说得通俗些，翡翠的翠性是指在翡翠表面可以直接观察到的翡翠组分矿物的解理面的反光或晶面闪光，犹如亮白色反光的苍蝇翅膀，俗称“苍蝇翅”，这是翡翠的特有标志。苍蝇翅仅仅是翡翠翠性的一种表现形式，随着对翡翠观察角度的不同，翡翠翠性的表现形式也不同。

■ 宝葫芦翡翠挂件

苍蝇翅基本反映了柱状硬玉矿物的大小和相互间的组合关系。由于翡翠中各硬玉矿物的大小与取向不同，在光照下转动翡翠，不同部位的苍蝇翅会出现大小不同的闪光，此起彼伏，特征明显。但是苍蝇翅并非在所有的翡翠中都会出现，其主要在粗糙的翡翠平面或抛光不完整的平面上表现明显；在抛光完好的平面、尤其是弧形表面上并不一定能表现出来。

观察翡翠翠性是在日常翡翠贸易过程中鉴别翡翠的重要手段之一。观察的技巧在于：在抛光较好的平面上通过表面反光注意观察橘皮效应；在翡翠相对

■ 苍蝇翅

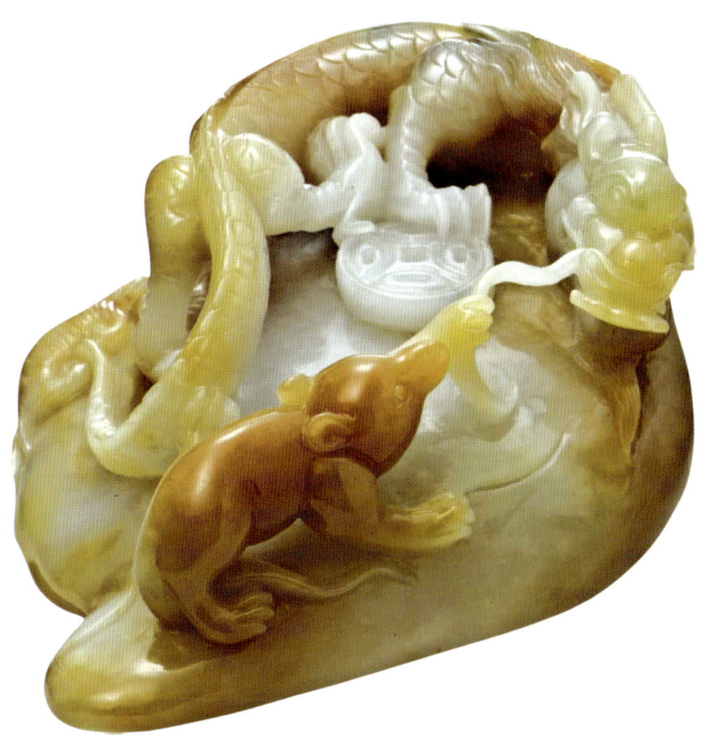

■ 望子成龙翡翠摆件

粗糙的表面注意观察翡翠的苍蝇翅；在透射光下或侧光照射下主要观察翡翠内部的絮状物特征。通过综合观察分析，就可以比较全面地了解翡翠的翠性特征，从而鉴别翡翠与其他相似的玉石。

翡翠的翠性除了苍蝇翅的表现形式，还有橘皮效应和絮状物两类。

橘皮效应是翡翠在抛光平面上，通过反光观察，会出现类似于橘子皮的一个个大小和方向不同的凸起与凹陷的特征。橘皮效应主要是由硬玉矿物硬度的各向异性引起：在翡翠中呈集合体状的硬玉矿物由于相互取向不同，导致抛光过程中的软硬程度也不同，低硬度取向的硬玉相对凹陷，高硬度取向的硬玉相对凸起，从而出现了一个个凸起和凹陷的相对不平整面，由此构成橘皮效应。因此，从翡翠的橘皮效应上也可以看出硬玉矿物集合体的大小和相互组合关系。

需要指出的是，一些有关翡翠的文章和书籍中把橘皮效应作为翡翠B货的特征描述，这是不可取的。其实，橘皮效应在翡翠A货中才表现得比较突出，并且凸起与凹陷之间的界线为逐渐平滑的过渡；翡翠B货中由于强酸的浸蚀作用，使得硬玉矿物颗粒的间隙十分明显，表现在凸起与凹陷之间不是平滑过渡，而是有一裂隙隔开，形成穿插于各硬玉矿物颗粒间、犹如蜘蛛网状的裂隙纹路，称之为“酸蚀纹”，这与橘皮效应明显不同。

絮状物是透明或半透明的翡翠通过侧光或底光的照射，会在翡翠内部出现一些棉絮状物质，也称为绵。絮状物多半是由翡翠中硬玉矿物的颗粒间隙、裂隙和杂质包裹体对光线的反光引起的，也称为“粒间光学效应”。翡翠中由于硬玉矿物主要是以柱状出现，因此絮状物也往往呈长条状，有的还可以显示硬玉矿物轮廓；而一些仿翡翠制品，如由钠长石组成的水沫子或石英颗粒

■ 玻璃种鹅如意

■ 冰种观音吊坠长

组成的石英岩玉组成矿物都是等大粒状的，所观察到的絮状物显示的也是糖粒状特征。

由此可见，由于翡翠的翠性是指翡翠中主要组成矿物硬玉的颗粒大小和相互组合关系的直观表现特征，只有在翡翠这样特殊的矿物组合及矿物性质中才会出现。因此，进行翡翠翠性的观察是在日常翡翠贸易过程中鉴别翡翠的重要手段之一。

场口与皮

缅甸翡翠出产于该国的东北部，这里与中国云南省相邻。缅甸翡翠的原生矿床主要分布在三大地区，即雷打场区和龙肯场区的西部和北部。次生矿床主要为次生砂矿床，分为沿雾露河河床的河漫滩沉积翡翠砂矿和远离河床的高地砾石层翡翠砂矿。河漫滩沉积翡翠砂矿主要分布在雾露河主河道的两侧，在帕敢场区最为丰富，翡翠质量较高。

场口实际上指的就是翡翠的产地，缅甸翡翠产地也称矿区或场区，共分 6 个场区，每个场区又分出许多场口。各个场区所产翡翠的质量、颜色、外观都

■ 后江场口的玫底石

■ 金童玉女

有各自的特点，而这些特点就能够充分地表现在翡翠原石的皮壳上，不同场口开采出来的翡翠毛料的皮壳是不同的，通过它们的颜色以及裂痕还有粗糙程度等可以判断它是产自哪个坑口。因此根据不同场区、场口所产翡翠原石的特殊性，判断翡翠的价值几乎是业内评估原石时最重要的常用手段。

总之，翡翠皮壳在鉴别原石真伪、评估赌石价值等方面起到了相当重要的作用。

单色翡翠

汉代人王选记述了汉代人所崇尚的玉之“符”：“赤如鸡冠，黄如蒸栗，白如脂肪，黑如纯漆，玉之也。”汉代的这一标准为后人所推崇，明代以后的很多论玉、辨玉的文章中都有类似的标准，或在这一标准上加以扩充，如“青如蓝靛”之类的语言。深入研究起来，古人所讲的玉之符中，包含了颜色及光泽的变化，蒸栗、脂肪、鸡冠之色并非标准色谱中的黄、白、红色，且其色如色谱所示黄、白、红的矿物，绝非美玉。玉之色变化无穷，颜色的优劣自有一套标准，但又是相比较而言。只有符、德并举的翡翠才可登颠峰之座。

■ 豆种白色翡翠

■ 翡翠挂件

在自然界所有的天然玉石中，翡翠的颜色是最为丰富多彩的。翡翠颜色按光谱色分为 7 大类：红色、橙色、黄色、绿色、青色、蓝色、紫色。如果再加上黑色、白色与无色，一共是 10 种颜色，而在这所有的颜色中，以绿色为最优的品种。

在珠宝行业和玉雕行业中，对翡翠颜色的命名也是不一样的。例如珠宝行业将绿色称为翠，紫色称为春，黄色称为翡。而玉雕行业也把绿色称为翠，将紫色称为翡，黄色则称为皮。但不管怎么说，最具经济价值的颜色肯定是绿色。

红色翡翠

红色翡翠在翡翠饰品及工艺品雕件中出现的几率非常小，按质量由高到低，可以分为血红色、橙红色、大红色和粉红色四种红色翡翠。根据翡翠的定义，红色的翡翠应称为翡，其实翡色是翡翠中与绿色相对的一种颜色，是翡翠中最常见的几种颜色之一。不过在实际生活中，见到的翡或多或少地都带有褐色调、黄色调，因此“翡”的概念也渐渐地接受了黄色调与褐色调，而不再是红色翡翠的专有名称，也出现了“黄翡”等词，并受到了行业内外的认可。

显微镜下，红色在翡翠的多晶体集合体中多沿硬玉解理纹中、晶粒间呈网状密集浸染分布，在上述区域晶粒颜色浓集，其余部位颜色很淡。红色的鲜艳程度与质地、水头有密切关系，水头越长、质地越细则色越艳丽，水头越短则色越呆滞。

■ 红翡翠手镯

■ 红我翡翠挂件

大部分的翡色（实际上是褐红与褐黄的混合色）主要出现在翡翠的皮壳中，或沿裂隙分布在翡翠中。一般认为翡色属于一种次生色，翡色翡翠是含铁量较高的翡翠风化后的产物，在紫色、白色或绿色翡翠形成后，由于某些原因使其暴露于地表，遭受风化雨淋，使翡翠表皮中的二价铁离子变成三价铁离子生成褐铁矿或赤铁矿，沿翡翠颗粒之间的显微缝隙慢慢渗入而成，这是在翡翠成岩后形成的颜色。

根据翡色翡翠的色彩，翡色可分成红翡与翡红两类。其中红翡是以褐色为主，带有红色的翡翠较常见；而翡红则是以红色为主，带有褐色的品种更具经济价值。狭义的翡色实际上指红色或黄色都不很明显时，饱和度较低的一种淡红褐色或浅褐红色的颜色。当翡红色或翡黄色的颜色深度适中而又出现在水头、质地较好的翡翠中时，也可有较高的

■ 红翡翠四季平安手把件

市场价值。特别是当这种颜色有一定厚度时，就可以在雕刻上投入较大的力量，行业中称“投工”，做出成品的效果也别有一番味道。翡翠中的翡色多被用作俏色作品，尤以把玩件为多，行话说的“坨坨料”就指大多有翡色的皮壳。全部为红色的翡翠能独立成器的较少。

橙色翡翠

橙色翡翠在工艺品雕件及翡翠饰品中就更加少见了，橙色可以依附于红色的外缘，却很少单独出现。橙色按深浅程度可描述为深橙色、橙色、浅橙色。橙色翡翠的质地一般，透明度中等，颜色并不是很鲜艳，因此判断橙色翡翠应依据内部颜色而不是皮壳颜色，橙色翡翠位于红翡与黄翡的过渡带上。

显微镜下，橙色在翡翠的多晶体集合体中，多沿矿物晶粒间隙呈网状密集浸染分布。橙色在上述区域颜色浓重，其余部位矿物颗粒颜色很淡。橙色不能

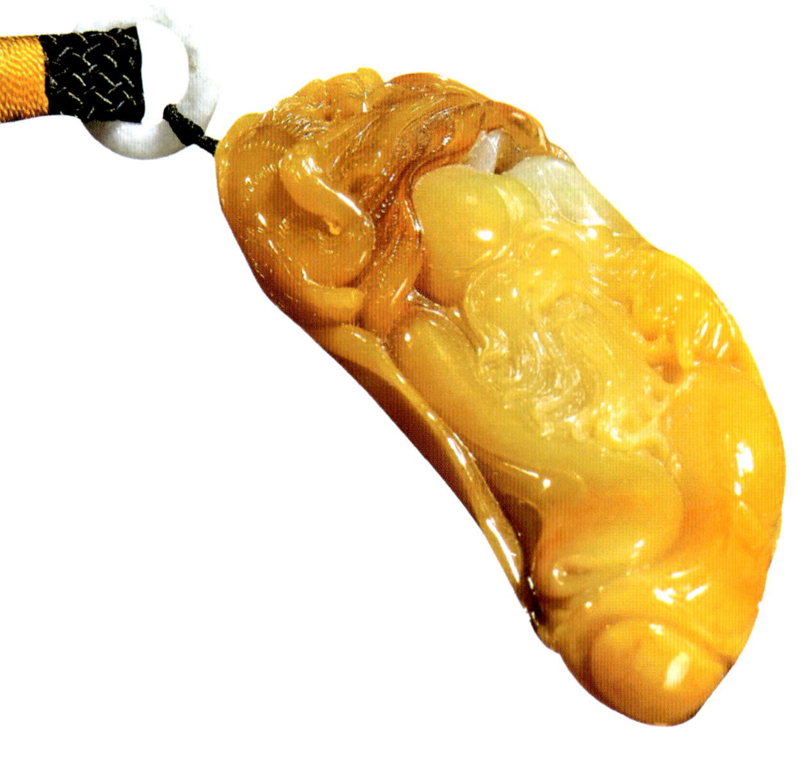

■ 橙色寿星挂件

进入到矿物晶体内部的现象，说明了翡翠的橙色并非原生的颜色。

红橙色的鲜艳程度与质地、水头有密切的关系，水头越长、质地越细则色越艳丽，水头越短，则色越呆板。

■ 官官连升翡翠牌

黄色翡翠

黄色翡翠可分为黄翡和翡黄两类，黄翡是以翡色（褐红）为主、带有黄色色调的翡翠；翡黄则是以黄色色调为主、带有褐色色调的翡翠，最黄的可呈鸡油黄、柠檬黄和栗子黄。在行业内，如果配上较好的种水，此三种黄色的翡翠的价值均较高，甚至可以达到收藏的级别。

■ 黄翡项链

■ 冰黄翡龙凤牌

■ 黄色翡翠平安扣

黄色翡翠在翡翠饰品及工艺品雕件中出现的几率较高，从取材判断多出现在皮壳层表层或下部，从翡翠中硬玉矿物的结构、结晶、构造特征鉴定，翡翠的黄色为次生浸染而成。这也很好地解释了翡翠黄色的分布为什么呈网脉状、花斑状。因为绝大多数翡翠黄色的形成都与翡翠受到的后期改造作用有密切的联系，所以黄色翡翠的质地一般比较疏松，透明度也不会很高。最优质的黄翡通常都形成于翡翠水石的外皮，厚度较低。

黄色翡翠的颜色描述有深黄色、浅黄色、金黄色和橙黄色。

褐黄翡如意吊坠

褐色翡翠

褐色翡翠大部分都是出现在河床阶地中的翡翠卵石，经过漫长地质时代的风化作用，翡翠卵石上形成一层褐色皮壳，氧化铁浸染到皮壳层下，色由浅逐渐变深，也有的是在翡翠矿床中裂隙的发育区域由氧化铁长期不断浸染形成。褐色类翡翠在翡翠饰品及工艺品雕件中占有较大比例，褐色翡翠的颜色有褐、深褐、浅褐与黑褐色，并形成一系列深浅之间的过渡色。由于褐色是在特定的地质环境中形成的，其分布状态与人工染色是截然不同的。

翡翠 A 货冰种褐翡

■ 墨翠平安扣

绿色翡翠

绿色在翡翠的多种颜色中占据着非常重要的地位，具有较高的经济价值，翡翠业内习惯把绿色称为“翠”。老一辈专业人士从绿色的深、浓、淡、浅、匀、花、闷、鲜等8个方面详细论述了宝石级翡翠的绿色。再配合近年来对翡翠的研究，可以将其浓缩为“阳、正、浓、俏、和”五个字，这也是几代翡翠人从实践中总结出来的重要经验。“阳”是指黄味要足够，绿色调的翡翠加上适当的黄色调，

■ 翡翠观音雕件

会显得更加鲜艳；“正”是指色泽纯正，不偏蓝、偏灰或夹杂其他颜色；“浓”是指翡翠的颜色要饱满，有“绿得能捏得出水来”之说，专业上称饱和度高；“俏”是十分美丽，行话称为“抢眼”，专业称为颜色的刺激纯度高；“和”是说色彩均匀，与地子的颜色和谐。这5个字十分精辟地概括了色彩的精髓。

行业中按照色调将翡翠的绿色分为以下几种：

（1）祖母绿、翠绿：绿色纯正、鲜艳、饱满、不含任何偏色，质地细腻，分布均匀，其中祖母绿比翠绿饱和度更高，是绿色翡翠中的极品。

（2）秧苗绿、苹果绿：颜色浓绿中稍显一点点黄色，几乎看不出来，绿色饱和度比苹果绿和祖母绿略低，也是绿色翡翠之难得佳品。

（3）黄阳绿：绿色鲜艳，略带微黄，就像初春的黄杨树叶。

（4）鹦鹉绿：绿色如同鹦鹉的绿色羽毛一样鲜艳，微透明或不透明。

■ 极品满绿翡翠手镯

■ 满绿项链

（5）葱心绿：绿色像娇嫩的葱心，略带黄色调。

（6）豆青、豆绿：绿如豆色，是翡翠中常见的品种，玉质稍粗，微透明，含青色者为“豆青”。

■ 江水绿

（7）蓝水绿：半透明至透明，绿色中略带蓝色，玉质细腻，也是高档翡翠。

（8）瓜皮绿：不透明—半透明，绿色不均匀，并且绿色中含有青色调。

（9）菠菜绿：半透明，绿色中带蓝灰色调，如同菠菜的绿色。

（10）墨绿：不透明—半透明，色浓，偏蓝黑色，质地纯净者为翡翠中的佳品。

（11）蓝绿：蓝色调明显，绿色偏暗。

（12）蛤蟆绿：不透明—半透明，带蓝色、灰黑色调。

（13）油青绿：透明度较好，绿色较暗，有蓝灰色调，为中低档品种。

（14）灰绿：透明度差，绿中带灰，分布均匀。

按绿色的浓艳程度分为：

（1）艳绿：半透明－透明，绿色均匀、鲜艳、纯正，属名贵品种。

（2）阳俏绿：绿色鲜艳明快，娇嫩纯正。

（3）浅阳绿：微透明—半透明，绿色浅淡、鲜明、纯正。

（4）浅水绿：绿色淡而均匀，透明度较好。

（5）蓝绿：绿色中微带蓝色调，以宝石学观点称之为绿中微蓝。正因其绿中微蓝的色调使其看起来冷静神秘，给人较“沉”的感觉。

（6）翠绿：绿色鲜活，若生于玻璃种中，如绿水般摇晃欲滴，颜色较艳绿浅，为标准绿色之代表。

（7）浊绿：颜色较淡绿色深，但略带混浊感。

（8）阳绿：绿色鲜阳，微带黄色调，也因其黄色而使绿色中带有亮丽的生命感。

（9）淡绿：绿色较淡，不够鲜阳。

（10）黑绿：绿色浓至带黑色调。

■ 翡翠宝石绿手镯

■ 阳绿翡翠贵妃镯

（11）暗绿：色彩虽浓但较暗，有时带有灰色调，不鲜艳，但仍不失绿色调。

翡翠中的“满绿”在行内常指那些颜色鲜艳且质地通透的上等品种，是种与色的完美结合，也是符与德的统一。而干青种等干绿无种的翡翠即使绿色满布也不将其称为满绿。因此我们在收藏翡翠的时候，要注意真正了解“满绿”这个概念。

现在随着人们喜爱翡翠程度的不断加深，加之各地对翡翠的称谓有所区别，绿色翡翠的行业名称除金丝绿、宝石绿、豆绿、黄阳绿等继续延用外，还有秧苗绿、菠菜绿、鹦鹉绿、葱心绿、油青、鸭屎绿、江水绿、匀水绿、丝瓜绿、瓜皮绿、冬青绿、阳俏绿、苹果绿、鸭蛋绿、墨绿等几十种称谓，但是在选料时，最好不要硬套哪种称谓，可以临时用一种相似色来比较。

翡翠的地子跟绿色的关系

地子与绿色有极为密切的关系。通常绿色与结构细腻的翡翠有一定的依存关系，翠性越小，结构越细腻，绿色越好。但也有相反的情况，所谓“狗屎地出高绿”就是一个例证。显然狗屎地子不好，质地粗糙，色很难看，但在这种地子中的绿色却可能表现得很细润，色很漂亮。“干巴绿”和“白底青”是在不好的地子中出现的较好的绿色，但它们的价值与底好色正的高档翡翠相比要相差许多。

另外，地子与绿色之间还有两种关系——“地子吃绿”和“绿吃地子”。

“地子吃绿”，是指地子不好，表现为水头差，绿色部分不能与地子产生融合、照映的关系；在视觉上绿色部分的形状小于真实的绿形，而且即使是很好的绿色也会显得呆滞，缺乏生气。“绿吃地子”，是说地子很好，表现为质地细腻，水头好，绿色的照映能力很好，使得原本无色的地子呈绿色，在视觉上扩大了绿色的范围。“绿吃地子”的翡翠，绿色往往更加均匀润泽，看起来更加娇艳，其商业价值是很高的。

蓝色翡翠

蓝色在翡翠工艺品雕件及饰品中非常少见，行业内称其为“怪桩”。天然翡翠没有纯正的蓝色，这里所说的蓝色色调一般都偏紫或偏绿，而且明度不强，往往偏灰。

蓝色翡翠的价格是不算高的，但因为人们好奇的心理，所以也受到了收藏者的喜爱。

■ 蓝色翡翠玉石戒面

■ 青色翡翠弥勒佛吊坠

青色翡翠

翡翠的青色一般来说都比较黯淡，通常只是作为翡翠的底色，不作为翡翠真正的颜色出现。青色虽然算不上鲜艳，却能营造出一种氛围，行话所说的“江水绿”即指此色。

青色类在工艺品雕件及翡翠饰品中比较常见，市面上出现比较频繁的青色类有油青色、深青色、浅青色等。油青色系种与水的合称，油青种的颜色就是青色，即具有较高透明度，但觉得阴沉的翡翠颜色。深青色、浅青色则是对颜色深浅程度的描述。

紫色翡翠

紫色在中国古代封建社会中被称为帝王色，从紫微大帝到紫禁城，从老子出关的紫气东来到紫衣绶带等等都显示了紫色在中国神圣而高贵的地位，其实在翡翠市场中，上好的紫色翡翠的价格也不会逊于绿色翡翠。

紫色在翡翠工艺品雕件及饰品中较为常见，质地大多较粗糙，很多紫色翡翠有大量的棉絮状白色包体，散乱没有规则地分布在紫色翡翠上面，就好像白色的面粉一样，所以行内称此现象为“吃粉”。

紫色翡翠又称紫翠，色称为春花、春色，其中紫罗兰是翡翠中最常见且有较高市场价值的颜色之一。紫色高雅浓艳，浅紫秀美清淡，红紫富丽庄重，独具特色。市场上常见的紫色翡翠根据其色彩及饱和度可以分成 5 种：皇家紫、红紫、蓝紫、紫罗兰、粉紫。

■ 紫罗兰翡翠手镯

■ 皇家紫翡翠国色天香手镯

■ 春带彩手镯

（1）皇家紫：是指一种浓艳纯正的紫色，它的颜色色调非常纯正，饱和度一般较高，亮度中等，因而显出一种富贵逼人、雍容大度的美感。这种紫色难得一见，具有很高的收藏价值。

（2）红紫：是一种偏向翡红色调的紫色，它的颜色饱和度通常中等，少见饱和度很高的翡翠，这种翡翠在紫色翡翠中不常见，也有很高的收藏价值。

（3）蓝紫：是一种偏向蓝色的紫色，它的饱和度变化较大，从浅蓝紫到深蓝紫都可见到，是紫色翡翠中较常见的类型，行话称“茄紫”。当饱和度偏高时，颜色常有灰蓝色的感觉，亮度一般较其他类型低。

（4）紫罗兰：是商业翡翠中最常见的一种，紫色从中等深度到浅色，这种紫色常常出现在一些质地或粗或细的翡翠中，有时也会和绿色一起出现，形成所谓的“春带彩”，是紫罗兰种翡翠的标准色。

（5）粉紫色：是一种较浅的紫色，可以有偏红或偏蓝的感觉，但达不到红紫或蓝紫的水平，虽然紫色仍然比较明显，但饱和度比较低。它常常出现在一些水头较好、质地细腻的翡翠中，其经济价值在所有紫色翡翠中是最低的。

冰种白翡翠吊坠

冰种白翡翠戒指

白色翡翠

在翡翠原料中，灰、白色调占据了很大的比重，而这些灰、白色的翡翠大多属于中低档翡翠。在翡翠工艺品雕件及饰品中往往需要其他色调。灰、白色类翡翠形成一系列过渡色，其中白色可分为乳白、瓷白、雪白、羊脂白，还有浅灰白、灰白等。若白色翡翠透明度高，质地细腻，那仍然算得上是翡翠上品。有一种罕见的乳白色翡翠，质地细腻、半透明，其乳白的颜色主要是来自其内部大量细小的白色棉絮状包裹体，按宝石学理论，属于经典的假色。

黑色翡翠

黑色翡翠在翡翠工艺品雕件及饰品中占有非常特殊的地位。

行话说："绿随黑走，黑伴绿生。"说明翡翠中黑与绿有着密切的伴生关系。经过鉴定，若黑色是散布于其他颜色的底上，黑色部分大都属于不透明的暗色闪石族矿物，因而这种黑色对翡翠的价值有着巨大的负作用。行话还说："有黑绿老，有黑绿透。"这里的黑色往往是富含过渡的金属致色离子 Sn，因此表现出黑色。而在强光下，仍有一定透明度的可以表现为绿色，这种情况下的黑色对翡翠的价值无明显的负作用。但如果黑色部分的主要矿物为绿辉石，这时的黑翡翠就有了一个更响亮的名字"墨翠"。

墨翠龙腾四海

■ 无色翡翠 冰吊坠

■ 冰种龙牌

无色翡翠

无色的翡翠一般都是很纯的硬玉岩（狭义定义下标准的翡翠）。顾名思义，无色翡翠就是没有颜色的翡翠，除了水头很高、质地很细腻的品种外，真正无色的翡翠比较少见，大多呈灰白色或白色。

多色翡翠

翡红翠绿

翡翠的宝石学名称就是根据它最鲜艳也是最常见的两种颜色命名的，翡红与翠绿的同时出现无疑是最名正言顺的翡翠了。行内把红色或黄色的翡翠称为翡，绿色的翡翠称为翠。

黄翡绿翠是多色翡翠中最常见的一种，在中国尤其受到广东等南方诸省人士的青睐，并将黄翡绿翠的把玩件定名为“黄加绿”。优质的红翡绿翠是具有很高收藏价值的品种。

翡翠的黄色和绿色是一对鲜明的对比，黄色正好是国人皮肤的颜色，而绿色在黄色的映衬下往往也显得更加明亮动人。

■ 红翡绿翠

■ 红翡绿翠摆件

■ 春带彩翡翠吊坠

春带彩

顾名思义，春带彩有紫春（红春）与翠绿两种颜色。在翡翠中，春指紫罗兰，带春的翡翠也成为紫罗兰翡翠。可以说，在所有翡翠的颜色中，绿色与紫色的经济价值最高，这两种颜色的同时出现必然会大大提升翡翠的价值。

不过美中也有不足，优质春带彩的质地虽然较好，即行话所说的“肉细”，但大多数春带彩的种分并不算好，甚至还比不上糯化种，而且两种颜色也很难同时鲜艳明快。因此，春带彩这个品种的翡翠虽然有两种顶级颜色加盟，但其价值却处于一个比较尴尬的状态，始终难以登峰造极。从市场上看，优质的春带彩具有较高的收藏价值。

■ 春带彩翡翠鼻烟壶

福禄寿

福、禄、寿在民间相传为“天上三吉星”。福，怀抱婴儿表示五福临门；禄，手捧如意寓意高官厚禄；寿，手捧寿桃意为长命百岁。民间喜欢把福、禄、寿三星作为生活中象征幸福、吉利、长寿的祝愿。

如果一件翡翠中既有绿色，又有红色和紫罗兰色，就称这块翡翠为“福禄寿”。福禄寿是人们对生活的最高期望，中国自古至今，就有“福无双至，祸不单行”的说法，认为好事成双已属不易了，如果能同时得到福、禄、寿，一

福禄寿三色飘花手镯

定是人间最快乐和幸福的事情。但实际上“福禄寿”只是具有三种不同颜色的翡翠总称，并没有规定具体的颜色分别应该是什么。获得市场最高认可的福禄寿颜色组合为红、绿、紫，此外还有黄、绿、紫与红、黄、绿两个小品种。值得一提的是，有人将白色也算为其中的一个颜色，其实这是错误的。福禄寿的翡翠具有很高的收藏价值。

■ 福禄寿三色手镯

■ 福禄寿三色翡翠金鱼手把件

福禄寿喜

福禄寿喜本来是太平歌词的一个曲目，这里则是四色翡翠的代名词，其颜色组合为红、绿、紫、白或红、黄、绿、紫，是多色翡翠品种中颜色最丰富的一种。可是在小块的翡翠上几乎不可能同时见到很多颜色，所以用于雕刻的都是体积较大的原石，主要用来雕刻摆件等大型的雕件。福禄寿喜这种翡翠在市场上比较罕见，因此这种翡翠的收藏价值就比较高。福禄寿喜翡翠四种颜色在同一块翡翠上的几率不大，常作为多件套，如果每件颗粒不够大，则收藏价值也一般。

■ 福禄寿喜双龙佩

■ 福禄寿喜吊坠

五福临门

所谓“五福临门”，就是指中国传统五福的说法，福、禄、寿、喜、财是传统五福的主角。珠宝玉石界也将翡翠中五种最漂亮的颜色与这五福相联系。具体的搭配如下：红色代表福气，即“福”；绿色代表钱财，即“禄”；白色代表长寿，即“寿”；黄色代表财富，即“财”；紫色代表喜庆，即“喜”。要想五种不同的颜色（颜色组合：红、黄、绿、紫、白）同时出现在一块翡翠上，难度可想而知，所以五福临门的翡翠几乎就属于理论级别的，甚至在拍卖市场上也很难见到其踪影，因此五福临门翡翠的收藏价值非常高。

■ 翡翠五福临门挂件

“灯下不观色”的原因

任何珠宝都不应当在灯下进行颜色的质量评定。而对于翡翠来说，这一点尤为重要。这是因为翡翠的颜色，尤其是闪灰、闪蓝以及油青之类的翡翠颜色，在灯光下的视觉效果要比自然光线下的颜色效果好很多。因此，灯光下只能看翡翠的绺裂，看水头长短，看照映程度或其他特征。要察看和评定翡翠的绿色，最好是在合适的自然光线下。

俗话说：“宁买一条线，不买一大片”。这句话是翡翠业的一句行话。这句话并不是建议买家完全不去买有一大片绿色的翡翠，而是提醒人们在交易时不要对翡翠料的绿色有过分的奢望，不要被翡翠表面上绿色的多与少所迷惑。

翡翠料上的绿色具有不同的形状，如线形、点形、片形、丝线形等。对于翡翠原石中的绿色形状特点来说，“一条线”的带子绿与“一大片”的靠皮绿是同一种绿色形状的两种表现形式。“线”的厚度是已知的，而深度是未知的；“片”的面积是已知的，而厚度是未知的。其中线形最易出彩，它有头有尾，头部色重而艳，尾部色淡而小，行里人把线形色叫做“根色”。如果这条线深入或者贯穿到这块料中，就可能在里面宽起来，形成绿带。这种翡翠价值连城，买者可一夜暴富，这是许多买翡翠的人追逐的目标。如果色是片形，绿色部分往往仅在料的表皮上有薄薄一层，绿不到里面去，而且一片绿的料价位高，所以买“一大片”的料要十分慎重。

灯下不观色

第三章 巧琢成器——翠雕工艺与技法

翡翠的加工工序

古代《三字经》中说："玉不琢，不成器。人不学，不知义。"古人把玉石的琢磨和人的学习放在一起，指出璞玉无琢跟人的不学无知一样不可取，可见玉石琢磨的重要性。

玉器有着记载历史的作用和传承中华文明的使命，这是器以载道的体现，而将这些呈现在世人面前的正是玉器上的雕刻图案，这些不同种类的图案充分展示了中国传统文化的魅力。玉取自温润钢韧之材，器精于匠心独运之工。一块玉材，经过特殊的加工处理，方能成为一件受人喜爱的器物。翠雕工艺有着

■ 天然翡翠手镯

高冰江南水乡牌

七千多年的历史，这也是我国玉文化中必不可少的一部分。玉雕工艺掌握起来并不是一件容易的事情。一件美玉要经过选料、开料、剥皮、碾琢、抛光等繁琐细致的工序才能雕琢完成。常见的翠雕技法有切割、磨平、起线、轧槽、镂空、管钻、打孔和钩、轧、顶、挖、撞、脱环等。

翡翠因为硬度较高，再加上翡翠的原料（尤其是高档料）非常稀少且珍贵，被称为玉中之王。因此，其加工程序、加工材料、加工工具和加工设备有别于其他玉石。现在我们就对翡翠加工工序进行以下阐述。

观音吊坠

量料取材

量料取材是最重要的开端，翡翠玉料多数带皮壳，是世界上唯一带皮壳的玉石，故也称为赌石或赌货，也是其他玉石所没有的。因此，选料的关键要看加工用途，用来做摆件或是器件，做手镯或是挂件，戒指还是戒面等。原料的特征与加工的关系非常密切，如果选择不好，不仅浪费原料，加工出来也会亏本。

在此我们要告诉大家三个不同的玉雕技法的概念，分别是巧色、俏色、分色。玉雕行业内评价雕工利用三个层次“一巧、二俏、三绝”指的就是这三个概念，

■ 包金佛

■ 翡翠配钻石如意吊坠

■ 翡翠怀古钻石吊坠

它们是中高档翡翠制品常用的雕刻技法，也充分地体现出量料取材的玉雕构想。巧色是巧妙运用颜色，俏色是在巧色的基础上将颜色的鲜艳之处俏出来，分色则指在俏色的基础上把不同的颜色部分严格地区分开来，不拖泥带水。

古代的玉雕师们常用巧色的工艺，也就是说在玉器制作的过程中，尽可能地保留原石上的颜色，而且尽量将它们巧妙地运用在雕刻的题材中，使其不但不成为瑕疵，反而能使制成的玉器独具自身的特点而显得更加生动。慢慢地，随着工艺技术的发展以及人们审美能力的提高，在巧色的基础上又进一步形成了俏色的玉雕技法。俏色之所以能超

■ 翡翠仿古龙牌

越巧色，不仅在于将原石鲜艳的颜色保留并运用于雕刻题材中，更在于将其鲜艳之处活灵活现地展示出来，使它成为整件玉器的抢眼之处，起到了画龙点睛的作用。

分色是最近几年才开始被人们关注的，在俏色的基础上，将不同颜色的部分清晰地分开，这对翡翠来说非常困难，因为翡翠颜色的形成与过渡往往是渐变的，这要求玉雕师不但雕刻技艺精湛，更要对翡翠原石的各方面特性非常熟悉而且勇于尝试。行内有句老话："神仙难断寸玉"，意思是说经验老到的行家，也有拿不准的时候。要想了解翡翠原石的变化本身就不是一件容易的事情，因此分色已经成为一件优质的现代翠雕作品的重要评价标准之一。

如意挂件

镂空雕龙翡翠挂件

开料与切割

开料与切割是对翡翠原石最初的加工，也是为一件产品打基础的环节，因此应尽量避免出现严重的失误。

片切割法

片切割法通常是用中型油浸开料机或大型开料机将翡翠的大块原料进行切割，锯口较宽且深，损耗较大；用中型切台适合切割作摆件的翡翠原料，锯片较薄且有水冷却，锯口较小，对原料的损伤也较小；用小型切机切割如把玩件、牌片和坠饰等的翡翠原料，锯片薄如纸般，对原料基本没有损伤，除开料外也常用于雕刻过程中大光面的开面。这三种横轴立轮切割机的切割，是目前国内最常见的翡翠切割方法。

冰种翡翠方鼎摆件

■ 冰种翡翠观音挂件

砣切割法

砣是利用简单的机械原理作旋转，从而达到切割被加工玉器的工具。古时候，在一个水平轴上安装一个圆盘，然后将缠在圆盘一侧轴上的带子分别连接在脚踏板上，治玉工匠用脚交替地踏踩脚踏板，轴子便旋转起来，旋转的轴同时带动被称为“砣”的圆盘转动，此时只要在圆盘上加水和石英砂等砂类物质，就可以通过磨擦来加工玉器了。现

■ 翡翠佛珠

三色翡翠手镯

代的翠雕工具已经全部采用电动设备，而且转速可以调整，玉雕师只要掌握好翡翠原料就可以了。这样在速度提高的同时，工艺的精细程度也跃上了新台阶。

线切割法

线切割法是指用马尾和马鬃绳充当“锯条”，不断地加砂和水，来回往复地拉动“锯条”磨擦拉锯，慢慢地便可把玉料剖成两面平整的玉片。良渚玉器表面上常见到抛物线形的线锯痕迹，很有可能就是用此法剖玉的结果。在当时不讲究时间、人力、劳动效率，只求通过这种持续的“以柔克刚”的毅力达到预期的效果。不过这种费力又浪费时间的方法在古代必须要有大量的人力作保证。

■ 翡翠节节高挂件

切磋琢磨

古代制玉技法是按照石器制作的工序而来，石器所用的工艺程序主要是指切、磋、琢、磨，玉器则沿用了这一套工序。切指的是解料，解玉要用无齿的锯加解玉砂，将玉料分开；磋是用圆锯蘸砂浆修治；琢，是用钻、锥等工具雕琢花纹、钻孔；磨，是最后一道工序，用葫芦皮、精细的木片、牛皮蘸珍珠砂浆，加以抛光，玉器便发出凝脂状的光泽。这套制玉技术，在商代已为工匠们所掌握。现今的玉雕技法，大体还是采用切、磋、琢、磨四种方法。先秦称琢玉，宋人称碾玉，今称雕刻。

■ 和合二仙

■ 翡翠吊坠

■ 冰种明天翡翠摆件

设计完的玉坯交给玉匠（古称“玉人”），经琢碾、抛光等工序，便制作成玉器。琢玉的工具主要依靠砣机。砣机发明于史前的红山文化——良渚文化部落，它的出现大大推动了琢玉工艺成为独立手工艺的进度。完善的砣机叫做“水凳”或“高凳”，以铁砣子、木结构组成。玉匠用双足踏蹬板使砣子旋转，带动蘸水金刚砂磨磋玉料而成型。所以说玉器不是用刀刻的，也不是用凿子錾成的。由于古代冶玉工艺是由玉匠用砣机碾磨而成，这对玉器艺术的审美价值有很大影响，因此不能用雕刻艺术的观点来评价古代玉器艺术。现代砣机已改为电动铁砣粘上金刚砂胶，行内称为钻石粉砣，旋转速度可以达到 800 ~ 2000 转 / 分钟，不仅省去了抹蘸水砂的时间，也极大地提高了效率，并创造出了崭新的艺术韵味。

翡翠观音吊坠

古代碾玉工序大体上可分为 12 道：①捣砂；②研浆；③开玉；④扎砣；⑤冲砣；⑥磨砣；⑦掏膛；⑧上花；⑨打钻；⑩透花；⑪打眼；⑫上光。通常情况下，第 1 道至第 3 道是学徒工做的；第 4 道至第 11 道才是玉匠所负责的；第 12 道则另由专业抛光的人去做。当然，造型简易的玉器，就没有必要经历上述全部工序。

现代的翡翠加工中一般都使用了大量的电动设备与工具，加上镀钻石粉的砣，加工的速度与精度已大大提高，而且如果不是很高档或需要仔细构思的奇形怪状的原材料，一般是由一位玉雕师从头做到尾。现代翡翠制品制作的工艺过程，概括为“切、磋、琢、磨、光”几大阶段。常见的表现手法有圆雕、浮雕、镂雕、活环雕等。

在单面玉观音或玉佛的反面，常可见到雕有一片小树叶或一条小鱼的图案，这是为了掩盖玉器反面本来很容易被看到的玉石原料上的原生小裂纹。这种小裂纹对玉器的坚固性并无大碍，只是影响美观，所以沿着小裂纹雕成树叶的叶脉或小鱼的外形，裂纹就不明显了，而且玉器反面有一个小图案也增加了其艺术性，所以这对行家来说，已经是公开的秘密，不足为奇了。但对于价格较高（如在几万元人民币以上）的弥勒佛或观音，这种掩饰性花纹对其观赏价值就有所影响了。

翠雕专业术语详解

捣砂：琢玉需用解玉砂，先用杵臼捣碎石砂，再用极细的筛子筛过，然后根据砂的粗细，漂去其浆，将净砂浸过水使用。

掏膛：有些玉器，如同瓶、盂等的内部空间，应先以钢卷筒掏其膛，完后玉中心必留一根玉柱，再用小锤击碎。如果器物口小而膛大，可再用弯的扁锥头掏其膛。

木砣：一件翡翠作品完成之后，表面平净，但是光泽上有所欠缺，就要用木砣加浸水黄宝料或各色砂浆以磨之。现代玉雕业常用竹木来加工此项，比如墨翠上的人物、动物眼睛等的处理。

皮砣：将牛皮宝玉木砣的外面纳以麻绳，做成皮砣，加浸水宝料磨之上光，令玉体温润光亮。

琢磨与雕刻

琢磨雕刻是翡翠雕刻过程中至关重要的环节。而画活则是工艺设计因材施艺的最重要一步。具体是指在具体的玉料上如何落实设计师的设计构思，它包括如何领会设计师的意图，如何开始制作，如何用料等一系列具体的问题。

首先，玉雕师应全面地掌握原材料的颜色、绺裂、种水等多方面的特点，力争体现出作品独特的材质美、造型美、工艺美，凸显出每件作品的独创性，

■ 万物本真翡翠挂件

■ 冰种翡翠手镯

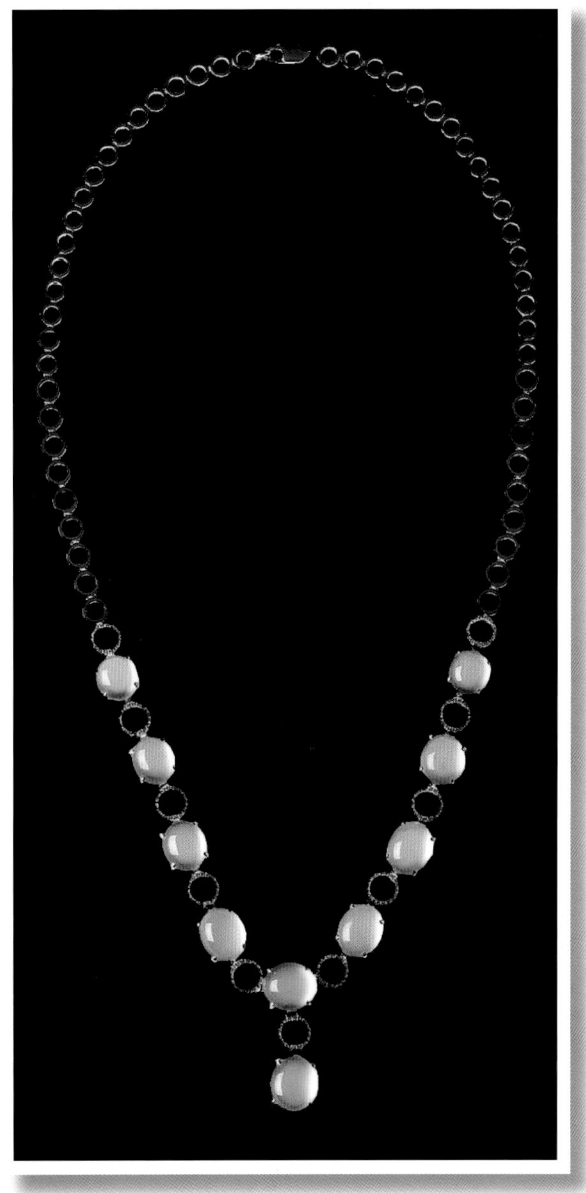

冰种翡翠项链

否则将难以制作出艺术水平较高的作品。其次，对创作题材内容的把握也是非常重要的。最后，掌握翡翠制品在表现形式上的规范要求也是很重要的。如果制作一件“自在观音”，观音的服饰、形象和姿势必须在原则上符合其女性及佛教的形象规范，假如随便做，则极有可能不符合玉雕的技术规范，必然会不伦不类。

不同的玉雕师的实践经验与艺术素质不同，在把握上述几项基本内容时会有“功力”上的不同。因此，在认识模糊时只有借助两次或三次、四次的画活，凭借铅笔线所示的位置来循序渐进地完成雕刻作业，这是雕刻工艺技术的基础。

冰种翡翠配钻石项链

最昂贵地翡翠项链

在 1997 年秋季佳士德翡翠首饰拍卖中，出现了一串举世注目的翡翠珠链，它由 27 颗纯翠绿珠子组成，每颗珠子直径 15.2 至 15.9 毫米。珠链上配了一颗重 10 克拉的钻石链扣，其亮丽和华美堪称世间独一无二，估价在 4000 万港元以上。最后竟以 7262 万港元成交，在珠宝界引起了不小的轰动。

据佳士德拍卖公司介绍，这串珠链取自一块重约 50 千克的翡翠原石。30 多年前，一位缅甸珠宝商得到这块璞玉时，并未觉得它珍贵，打算将它出售却乏人问津。后来珠宝商将玉石从中间剖开，切割时天空两度出现彩虹，玉石中央是一块重约 1 千克的碧绿翡翠。于是，珠宝商将翡翠玉石制成一条独一无二的珠链，命名为“双彩”珠链。

一夜成名翡翠挂件

抛光与清洗

抛光是对玉雕工艺品加工的最终作业，玉雕行业习惯称之为 “光活”或“光亮”。

琢磨好设计造型的玉器，还要进行抛光。抛光的具体操作过程与琢磨类似，但使用的工具和磨料（即抛光剂）与琢磨时不同。一般用葫芦皮、木、布、皮、胶、树脂等制成与琢磨时的铁制工具或钻粉砣头形状类似的工具，将抛光剂用适量的水或油脂调好，涂抹在柔软的材料上，如皮革、毛毡、棉布、木材、橡胶等制成的轮状抛光工具，经电机带动抛光粉抛光。

椭圆形翡翠戒指

抛光的方法可分为震机抛光、机械轮磨抛光、手工擦磨抛光、半机半手抛光四大类，主要根据原料的大小、好坏等因素而选用具体的抛光方法。震机是现代玉雕业中常用的适合中低档玉石的抛光设备，主要用来抛圆球、圆珠、

■ 爱之天使翡翠挂件

小把玩件、小摆件、简单的佩件（瓜果梨桃类）等。磨料采用翡翠的小颗粒边角料、玛瑙或白玉，同时还需在抛光过程中，根据需要加光亮粉、水等辅料以完成整个抛光过程。震机抛光大概需要 1 周的时间。但一次能抛光很多件。抛光后还需用超声波清洗机清洗干净。抛光工具的种类很多，因而抛光工具的选用很重要，虽然抛光效果与抛光粉的种类有关，但也与抛光工具的结构与种类有关。抛光效果不佳时，改换抛光工具也常能奏效。

值得一提的是，正式抛光前的琢磨与雕刻的作业，是抛光作业一举成功的保证。琢磨与雕刻越细致、充分，抛光的时间就越短且效果越好。抛光设备的转速必须能控制在每分钟 400 转以下，换上抛光用的各种工具头的雕刻机、擦磨设备均即可使用。通常来说，把玩件和摆件类玉雕作品用横轴式设备，首饰、佩饰类玉制品抛光多用吊机或立轴式的设备。

■ 年年有余翡翠挂件

剜脏遮绺

几乎所有的美玉在雕刻过程中都会进行一定程度的“剜脏遮绺”，说白了这其实就是一个弥补瑕疵的过程。

“剜脏遮绺”在现代翠雕工艺中还有一个更加通俗易懂的叫法：“压棉避绺”，意思是说遇到棉时只要能将棉做下去或打掉，就算将原材料的表面做得凹陷下去很多也要压棉，古代流传至今的“游丝毛雕”的技法用于压棉就再合适不过了。俗话说“十宝九裂”，而翡翠作为玉石之王便更加容易出现绺裂，因此加工翡翠时，遇到绺裂要尽量避开，比如可以做雕花处理，把绺裂遮掩住，即所谓“无绺不做花”，古时候也称为“巧作”。

翠雕的常用工艺

翡翠雕刻常用工艺有浮雕、透雕、圆雕、游丝毛雕、阴刻、斜刀、汉八刀、切割痕、拉锯痕、管痕、单面钻、双面钻、通心穿、象鼻穿、剔地阴纹、描金、嵌宝、留皮（去皮留色）、巧色、补整、托底等。

■ 翡翠今非昔比摆件

浮　雕

浮雕是雕塑与绘画结合的产物，用压缩的办法来处理对象，靠透视等因素来表现三维空间，并只供一面或两面观看。浮雕是翡翠雕刻最常见的方法。在平面或弧面的翠料表面上，对本来是立体的动物、人物、花卉、山水等形象采用了压缩体积的方法，通常只是压缩厚度，保持原来长与宽比例关系来表现艺术形象。雕刻者可利用物像厚度被压缩程度的不同，运用受光后所形成的明暗

■ 清 浮雕翡翠带扣

■ 清 翡翠浮雕仿古“兽面”图狮钮长方盖炉

■ 翡翠浮雕钟馗牌

幻觉、凹凸面的不同形象和各种透视变化来表现空间感和立体感，从而使浮雕在表现原则上更接近绘画的方式，特别是薄意雕就更像绘画了。浮雕的空间构造可以是三维的立体形态，也可以兼备某种平面形态；既可以依附于某种载体，又可相对独立地存在。因此可以说，浮雕是一种介于圆雕和绘画之间的艺术表现形式，在题材的选择、工艺技法和形象的刻画上形成了自己的特点。

在题材的选择方面，由于浮雕强调平面效果，一些在圆雕中无法表现的题材可以在浮雕中得到完美的表现。例如，一些圆雕很难表现的环境，浮雕表现起来却得心应手。再者圆雕很难将风景题材表现出来，而浮雕却可以在这方面大展身手。题材的广泛性和接近绘画的表现方式使浮雕有着广泛的用途。

根据物像被压缩空间的不同深度，浮雕又可分为高浮雕和低浮雕两种基本形态。

高浮雕由于起位较高、较厚，形体压缩程度较小，因此其空间构造和塑造特征更接近于圆雕，甚至部分处理完全采用圆雕的处理方式。高浮雕往往利用三维形体的空间起伏或夸张处理，形成浓缩的空间深度感和强烈的视觉冲击力，使浮雕艺术对于形象的塑造具有一种特别的魅力和表现力。在实际运用中，高浮雕又常与低浮雕一起运用，使前景、中景、远景的空间立体关系得到充分表现。

■ 翡翠浮雕福在眼前

低浮雕也被称为薄意雕或者浅浮雕，薄意雕的深度比浅浮雕更浅，“薄意”是取其薄如纸之意。浮雕一般是将形象轮廓之外的空白处去掉等深的一层，使形象略微凸起，平面感较强，更大程度地接近于绘画形式。主要不是靠实体性空间来营造空间效果，而是更多地利用绘画的描绘手法或透视、错觉等处理方式来造成较抽象的压缩空间，这有利于加强浮雕适合于载体的依附性。低浮雕适用于高档翡翠。

翡翠粒度的粗细

翡翠粒度的粗细可分为以下 4 级：

（1）粗粒级：颗粒直径大于 3 毫米，微透明至不透明，俗称“肉粗”、“种嫩”，翠性明显可见。

（2）中粒级：硬玉晶粒的直径为 1 ~ 3 毫米，半透明至微透明，翠性明显。

（3）细粒级：放大镜下能看见硬玉颗粒和翠性，较透明至半透明，颗粒直径小于 1 毫米。

（4）致密级：用肉眼和放大镜观察时很难看到硬玉颗粒和翠性，透明度高，俗称“肉细”“种老”，是高档货的品质。

■ 三色水底世界翡翠挂件

线刻、立体雕和透雕

线刻是一种古老的雕刻技艺，是用工具在翡翠器物上以线条形式刻画图形的工艺。线刻可分为阴刻线和阳刻线两种。

阴刻：沟槽似的线，线低于平面。

阳刻：凸起的棱线，但其最高点仍与平面相同。

立体雕其实是高浮雕技法的发展。一般浮雕都是在平面或弧面玉料上进行的，而立体雕却可用于任何形状的玉料。在雕刻中，使用的是深浮雕的工艺方法，形成了“丈山尺树，寸马分人”的造型特点。玉雕中的山子雕法就是典型的立体雕。

透雕又叫镂空雕，是在低浮雕或高浮雕的基础上，将某些相当于“底”或背景的部位进行镂空处理，使形象的影像轮廓更加鲜明，使作品能体现出玲珑剔透的工艺效果。

此外，为加强形象的表现力和立体感，浮雕形象边沿与底的关系也可派生出其他技法。

■ 翡翠镂空雕花卉纹鼻烟壶

■ 金鱼翡翠挂件

玉色利用

翡翠雕刻时的俏色还可以有另一种，行内称为“嵌宝”。这个概念有些类似“镶嵌宝石”的意思，它所描述的情况的确与宝石在贵金属上的镶嵌相似。利用天然翡翠的颜色，只留下其中很小的一块并尽可能地使其突出来，雕刻为成品后，给人的感觉就像是在翡翠雕件上面镶嵌了一块彩色宝石一样，颇具创意，这种特殊的俏色就是嵌宝。

压丝嵌宝技术是在翡翠产品上浅刻槽线，将金银丝用小锤敲入槽内而在玉石表面组成图案。金银丝与翡翠同处于一个平面上，出现玉的金银交错的效果称为压丝。在翡翠上压金银丝、嵌宝石，称为压丝嵌宝。

翡翠上绺裂对其危害最大，不过当翡翠上出现了绺裂，就要认真观察它们所处的位置，并区分它们的走向，研究这些绺裂对翡翠的危害程度。因为同样的绺裂，走向不同，对玉石的危害程度也不一样。就拿手镯上的裂隙来说，如果裂隙垂直于镯体，那么它的危害性是大的，甚至在佩戴时一不小心磕碰到裂隙，就很可能会导致整条手镯断裂。如果裂隙较平行或平行于镯体，那么它的危害性就小了很多，至少手镯就不会轻易发生断裂。再比如，在镯体表面的裂隙对其美观效果有着较大的影响，价格通常也会降低很多。但如果裂隙在镯体的内表面，那么对其美观效果就不会有什么影响，因为在佩戴的时候是不可能发现其内表面的问题的，所以价格也不会有明显的影响。

满绿是翡翠绿色的最佳分布状态。这里指的不仅仅是绿色的满布，更指绿色的鲜艳与均匀。一般来说，玉石商们不会轻易地称赞某一块翡翠为满绿，只有在绿色同时符合了浓、俏、正、阳、匀等多项因素的情况下才会使用“满绿”

■ 翡翠金榜题名摆件

的称谓。例如，油青种翡翠的绿色偏灰泛蓝而且黯淡，虽然分布十分均匀且满布于翡翠全身，但任何专业人士也不会将其称为满绿。

膏药绿也称为靠皮绿，顾名思义即指接近翡翠表面而且缺乏厚度的绿色。这些绿色虽为天然，但分布的范围仅限于表面的一层，下方大多数皆泛翠绿色，故易造成假象，以为是满绿。翡翠原石表面纵裂大量的密集近平行排列的裂隙，证明了翡翠形成后期受到了强应力的作用，裂隙穿过原生带状绿色，甚至还造成绿色的错位，这对于翡翠的雕刻是十分不利的。

■ 冰种黄翡蝴蝶

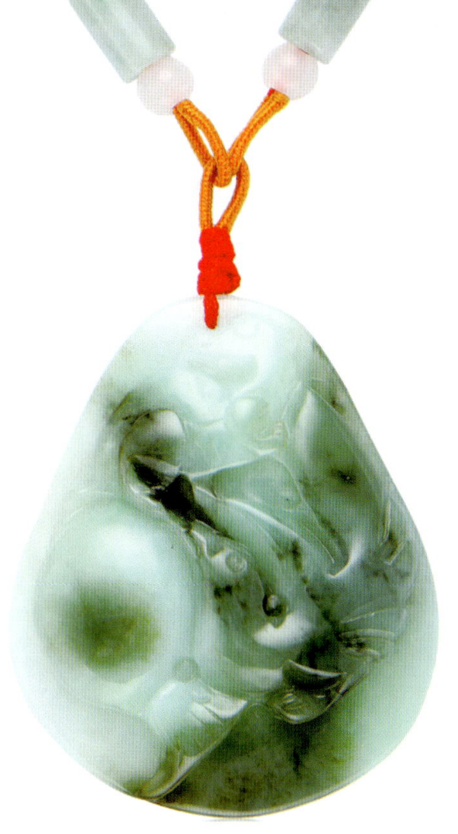

■ 恐龙翡翠挂件

打麻点

打麻点也称打麻地，是指在翡翠的表面打上许多椭圆形或圆形的凹坑，增加一些表面粗糙的视觉效果，很多时候用在小摆件、把玩件的制作上，如用于荷叶的雕刻上，也有的用在其他植物的叶上。

打麻点是压棉的一种不错的选择，凡是在翡翠表面有棉的地方，可以通过打麻点产生的凹坑将棉打掉，所以收藏时也要注意，通常满绿或种水很好的翡翠是很少打麻点的，不仅因为麻点会造成对原料的损伤，更因为麻点的出现会降低透明度，从而在行业内成为了中低档货的象征之一。

其　他

象鼻穿

象鼻穿指并排二孔内部连通。古代时用于玉带銙或玉带板的制作，为使正面看不到任何遭破坏的痕迹，只在背面四角打四组穿孔，将捆系之绳系于后方。

■ 嬉戏翡翠挂件

■ 聚宝瓶

西周玉器在继承商朝玉器双线勾勒技艺的同时，独创一派的坡粗线成为细阴线镂刻琢玉的工艺。这在兽面纹玉饰和鸟形玉刀上有明显的表现。它虽然继承了殷商双阴线或阴线减地的雕法，但是，创造性地演变成阴线斜刀的琢玉风格也已经形成。以片状玉做动物剪影形成的造型还是承袭殷商而来，其中大部分为片状玉器，仅有少数立体雕作玉器。纹饰的线条流畅自然，布局均匀，在刀法上，使用斜刻的宽阴线与细阴线结合，使玉器纹饰有阴影的层次感。这都是西周初发展出来的新刀工，俗称“大斜刀”。直到现代，翠雕人物的鼻子、口部上下嘴唇等部位，还常采用斜刀的技法加以切削。

■ 翡翠挂件

翡翠花

翡翠花件的种类繁多，大致可做如下分类。

按雕琢工艺分：有单面浮雕（另一面光身）、双面浮雕、一面浮雕一面线雕和双面线雕四种。其中双面浮雕又有通花和不通花之分。

按花件形状分：常见的有椭圆形、圆形、长方形、三角形（较少见）、锁牌形和不规则形几种。

按雕琢的内容分：二龙戏珠（两条云龙一颗珠）、龙凤呈祥（图案为一龙一凤）、岁寒三友（松、竹、梅）、松鹤延年（仙鹤、松树）、福禄寿（蝙蝠、鹿、桃）、福在眼前（一蝙蝠与一古钱）、五福捧寿（周围五只蝙蝠，中间有一寿字）、福至心灵（蝙蝠、寿桃、灵芝）等多种多样。

具体操作类似雕刻印章时的斜刀技法。有如执硬笔（钢笔或原子笔类）式，下刀时要带一定的角度，并行双阴线中，磨去其一的线墙，使成斜坡形。雕制完的玉器表面由斜刀留下来的曲线十分明显，而且因为雕刻得很浅，不会伤到原料，这种技法通常运用在质量较好的原料上，可以使雕刻线条委婉流畅。

常见的翠雕风格

任何事物都是在变化中不断发展，又在发展中不断地变化。玉中之王的翡翠也不例外，它与诸多自然因素和社会因素相关联，特别是环境、民族、宗教和时代等因素对其特征的形成和发展产生了极大的影响。

■ 清 翡翠珍珠多宝头饰

连年有余摆件

翡翠雕刻、琢磨的历史源远流长。如“君子无故，玉不去身”，“君子比德于玉”、“君子佩玉”等，都反映出了玉石在中国人乃至东方人心中的崇高地位。可以说，独特的玉文化已经成为中华民族博大精深的传统文化的一个缩影。人们常说：人靠衣装。那么玉可就要靠“刻”装了。玉石雕刻风格的演变正是玉文化发展历史的重要组成部分之一，近代以来，尤其以作为玉石之王的翡翠雕刻风格的转变为典型代表。

■ 清 翡翠挂件

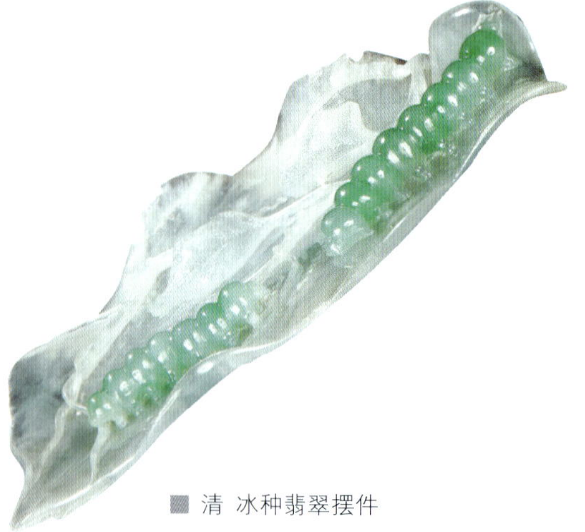
■ 清 冰种翡翠摆件

东方文化

传统雕刻图案的主题往往是以中国传统的吉祥图案为主。俗话说："人臻五福，花满三春"。五福，是吉祥的具体化。福、禄、寿、喜、财，在民间即被称为五福；福星、禄星、寿星、喜神、财神，在仙界被尊为五福神。用于翡翠等玉制品雕刻的图案有双喜临门、纳福迎祥、福禄寿禧、鹤寿千年、招财进宝等。此外，图腾崇拜是各古代民族文化共有的特点。在中国古代，龙、凤、麒麟等就是人们崇拜的神兽，它们的出现是人类的福音。因此，此类图案如凤羽祥云、龙凤呈祥、麒麟吐书、麟凤呈祥等被大量地运用到翡翠的雕刻上。而宗教活动从唐朝开始至今历久不衰，因此以佛教为主题的内容也常常出现在翡翠雕刻中，如八吉祥、菩萨保佑、和合二仙等。

由于封建统治阶级对人民思想的禁锢，翡翠宣扬的多是神之美，因此那时的应用对象便有着明显的皇族化、贵族化倾向，成为了"贵族之宝"，打上深刻的阶级烙印。玉器、翡翠饰品所描述的多是升官、发财的内容，如官上加官、平生三级、五子登科等。

西方时尚

随着时代的发展，翡翠雕刻的现代风格在保留了大量传统题材和风格的基础上，还融入了许多具有西方文化内涵的雕刻内容。这些题材的翡翠雕刻饰品逐渐为消费者尤其是青年消费者所接受，主要形式为小型的挂件或翠牌。

其主题结合了两方文化中的自然、真实，个性张扬但又不失理性的特点。因而所应用的对象就成为了普通消费者，使其可以不分身份、地位、年龄，都能购买自己喜欢的翡翠饰品，而翡翠在人们的生活中也出现了“旧时王谢堂前燕，飞入寻常百姓家”的繁荣之象。翡翠已不再是金钱财富、贵族地位的象征，也代表了普通人对美的追求。

西方人的骨骼、肌肉、脸形等都与东方人物形象有所区别。通常来说，中国玉雕师仅仅善于制作东方人物的形象，也许是由于长久以来都是师傅带徒弟的原因，因此在人物制作上有一定的局限性。所以想要雕刻西方人物形象就不是一件容易的事情，正因如此，在我国翡翠等玉石的雕刻图案中很少能见到西方人物形象。曾经有一套四件的翡翠春带彩的中国式插屏，其上雕刻的内容是关于耶稣基督的诞生等四个宗教故事，其价值就非常高。翡翠上西方人物的雕刻本来就有难度，而分色技术的熟练应用又增色不少，是一件难得的收藏佳作。

■ 满绿翡翠项链

■ 十字架翡翠吊坠

东西合璧

传统翡翠的雕刻讲究好料配好工，一方面可以保证最优质原料被充分利用，另一方面也可以展示大师们精湛的雕刻技艺。

■ 翡翠钻石胸针

■ 翡翠钻石吊坠

而近年来，翡翠饰品在全国范围内风靡，人们青睐浓艳欲滴的翡翠，同时也被它蕴藏的深刻文化内涵所吸引。随着社会的进步和国际交流的日益紧密，翡翠雕刻图案的风格也在悄然转变。下面我们就从以下三方面来了解一下东西合璧的翡翠饰品的特点。

红翡翠手镯

铁龙生种翡翠手把件

绚丽多彩

西方人在性格上比东方人张扬、开放，因此西方人比较喜欢用鲜艳和较明快的色调。而中国人自古就低调含蓄，一贯都讲求中庸之道，在颜色上则更加青睐于温润以泽的。因此，在东西方风格相结合的玉器制作上，颜色的表现就更为绚丽多彩了。

举个例子来说，东方人的皮肤大都是黄色的，因此从古至今便对黄色推崇至极，是权力跟地位的象征。因此东方人选择翡翠佩饰的时候，更喜欢黄金或K金镶嵌的翠饰，用黄金镶嵌的翠饰不仅看起来非常和谐，而且在传统风格上也符合东方人的习惯。而西方人的皮肤是白色的，他们更喜欢佩戴白色的贵金属如铂、K白金等贵金属镶嵌钻石的

■ 铁龙生种翡翠龙凤呈祥牌

珠宝首饰。随着东西方文化的相互渗透，铂金或18K白金等白色贵金属镶嵌的翡翠首饰也逐渐受到国人的喜爱了。也正因为这一改变，那些需要镶嵌的翡翠颜色就要求越鲜艳越好，而且考虑到镶嵌的制作工艺，翡翠的厚度尽量不要太厚，进而大大促进了铁龙生等品种在国内的大范围流行。将不透明鲜艳绿色的铁龙生切成薄片，雕上浅浅的纹饰，如蝴蝶、树叶等，在其背面以托底的镶嵌方法镶上18K白金，配上钻石，精致的铁龙生“大业有成”坠与蝴蝶坠就大功告成了。

■ 足金镶翡翠吊坠

翡翠 B 货观音吊坠

■ 翡翠 B 货龙牌

更有甚者，现代款式的满绿观音、佛等也都是采用 18K 白金配钻石的镶嵌方式，使东方传统的佛教智者们也沐浴了西方灿烂的宝石之光。

其实从美学的角度来讲，翡翠的绿色与黄金的金黄色是一对经典的对比色，双方在各自的衬托下都将更加鲜艳抢眼。也更适合我们东方人的黄色皮肤。虽说西方人喜欢以璀璨的钻石为代表的宝石，但翡翠自身的特性

■ 清 翡翠凤凰牌子

■ 翡翠龙凤觥

■ 铁龙生种翡翠手镯

■ 翡翠马鞍戒指

不可能体现出如钻石般耀眼的色彩和强烈的反光。如果说有一条结合的道路，那就是玻璃种翡翠或无色的冰种，以无色的高种分原料雕刻出西方题材的翡翠制品。翡翠农作物系列吊坠翡翠的颜色丰富，在雕刻时常出现灵芝、寿桃、青椒等植物图案，其中也不乏玉米、茄子等农作物。

■ 翡翠如意胸针

轻松诙谐

唐宋以来，玉器的雕刻题材就常出现动物的形象，翡翠的雕刻图案中，鼠、牛、虎、兔、蛇、马、羊、猴、鸡、狗、猪等动物更是常客，主要是采用写实的手法，力求将生活中的动物形象最真实地搬上玉石，这其中也不乏有深受人们喜爱的孙悟空、猪八戒等神话形象。因为中国古代对天干、地支的理解以及人们的习惯成自然，每种动物的雕刻风格已基本定性，比如牛的勤劳实干、马的扬蹄奋进等早就成了人们心目中的经典。但随着西方漫画、卡通片的引入，像米老鼠、唐老鸭等夸张、滑稽的形象也迅速被国人接受。借助于东、西方的卡通人物，翡翠雕刻风格也可以做到东、西方兼容并蓄。卡通这个词本身就是舶来品，是英文单词 Cartoon 的音译。制作这种类型的翠饰时，大多选取种水较好如冰种、

■ 翡翠摆件

叶形翡翠摆件

的小动物深受年轻人的喜爱。虽然这些卡通版的翠饰价格较高，但仍具有相当大的销售潜力。西方文化带入的轻松诙谐的风格正渐渐渗入到中国翠雕风格中，并与之结合，中国翠雕风格还在潜移默化地发生着改变。

风情万种

因为有了 18K 铂金等白色贵金属的加盟，翡翠首饰也变得风情万种起来。按中国传统的思维方式，珠宝首饰要戴独镶的，翡翠首饰也要每块单独佩戴，除项链、手链外，人们对于组佩这种多颗组合在一起的翠饰不感兴趣，就如不喜欢群镶的珠宝一样。这不仅因为我们的欣赏角度不同，更因为我们中国人有很深的保值情结。从古至今，我们的祖先都将金银与珠宝联系在一起，在很多人心中，翡翠玉石和珠宝首饰都是高不可攀的，它们是身份、财富、地位的象征。因此买的时候就必须要买与众不同、具有保值价值的。然而随着经济的不断发展，国民的整体收入水平逐步提高，使得西方文化融入到了珠宝首饰当中。这些具有西方特征的首饰更加时尚，也被更多的人们欣然接受。不过，国人经济收入的提高与西方文化的融入等都使得首饰时尚化被很多人欣然接受，他们需要的不仅再是传统的竹节坠、子刚牌，而是把目光徐徐移向了“金镶玉”形式

■ 蓬莱仙岛翡翠摆件

■ 翡翠毛笔笔杆

的时尚版翠饰。慢慢地，原先占翡翠市场份额很小的时尚版“金镶玉”翠坠、翠胸针等逐渐地登上了翡翠宫殿的大雅之堂，甚至还走入了拍卖大厅。

雕刻风格的转变主要表现在图案内容上，从极具中国传统内涵的东方风格到颇具新意的西方风格，体现了人们思维上的转变。这使翠饰拥有了更多的实际含意，仿佛成了生活中具有特殊意义的点缀。

■ 老翡翠笔洗

当然，内容与形式是互相作用的，因此我们不仅要重视雕刻的内容，更不能忽视雕刻效果带给人们的感染力，雕刻技术水平的提高也是至关重要的。

对于高价翡翠来说，体积的大小对其价格的影响非常大，但与其他宝石有别，因为翡翠结构的多变性及复杂性，翡翠的价值并不能单以体积的大小来报价，而应以其货型相对于原料的损耗度（因为需要使用的翡翠原料愈多，其成品的叫价会愈高）及取料的难度来分级。由于好的翡翠原料是要按重量来计算价钱的，所以我们在评价翡翠首饰成品时，翡翠货型就很重要了。不同的货型需要用的原料的数量（重量）不同，可以先以无雕及有雕来分，当中以无雕的翡翠档次较高，再从中分出级别。翡翠首饰中如有雕花也会影响成品的价值。由于有裂纹或瑕疵才会进行雕花，所以雕花越多，价值也就越低。

总的来讲，一朵真正好的翡翠奇葩，雕刻大师定是以自己的智慧和勤劳，把玉色、玉质、工艺技术、民族文化融于一体，才使其成为了一件瑰宝。人们不仅能赏翠，更能赏艺；不仅可以感受到翡翠饰品与生俱来的高贵身份，也能体味到因雕刻工艺精湛而提升的造型艺术，还可以在人们的陈设、装饰、欣赏中体会精神上的享受——寓意之美、对照之美、个性之美、和谐之美和自然之美。这样在体会雕刻图案所展示的深刻寓意与内涵的同时，更增进了自己对中国玉文化的兴趣。

■ 观音坐莲翡翠摆件

慈禧与翡翠

慈禧太后是无人不知、无人不晓的历史人物，但是她爱翡翠空前绝后的程度倒是鲜为人知。慈禧太后是个名副其实的“翡翠发烧友”，爱翡翠更是达到了如痴如狂的程度。她把翡翠看得比什么珍宝都贵重，她用过的玉饰、把玩的玉器数量多得足以装满 3000 个檀香木箱。慈禧太后的头饰全都是翡翠及珍珠镶嵌而成，每一颗翡翠或珍珠都能单独活动，其做工非常精巧。慈禧太后的手腕上戴玉镯，手指上戴 10 厘米长的玉扳指，就连吃饭的器皿也都是玉碗、玉筷、玉勺和玉盘。1900 年，义和团起义，慈禧太后逃离北京，潜逃时所携带的珍宝也主要是精美的玉器。她凭借皇权从民间搜刮了大量的玉器供自己把玩，极大地丰富了清宫的藏品。慈禧太后死后，大量的翡翠珠宝跟她一起陪葬，每一件翡翠制品都精妙绝伦，空前绝后，其中较为有名的是慈禧口中含的一颗极其珍贵的大夜明珠。因为慈禧太后对翡翠的格外推崇，在我国历史上一直处于统治地位的和田玉到了慈禧时期也黯然失色，这个来自缅甸的著名特产一时间在大清王朝境内变得身价百倍，名声大噪。

第四章 绚丽多彩——翡翠成品赏析

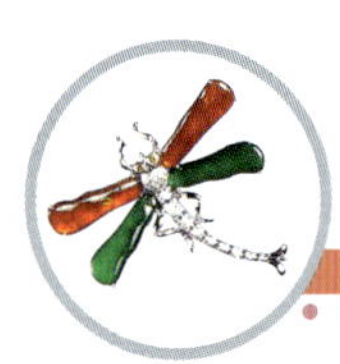

翡翠的观赏价值

翡翠的观赏有两层内容，一是欣赏翡翠材质的自然美，此乃“天趣”；二是欣赏工艺，即“人文之美”，这饱含极深的历史文化意蕴。两种美，正如古人所提出美的“初发芙蓉，自然可爱”和“错彩镂金，雕馈满眼”之分。前者美是自然，后者美是创造，二者结合即体现“天人合一”之美。

■ 清 翡翠香炉

翡翠作为玉石之王，集日月山川之精华，汇天地自然之灵气，而呈现出的细腻光泽和浓浓绿意，从内而外地透着稀世绝尘之美，被世代国人所拥戴。

俗话说："赏玉容天地"。玉，自古被认为是天地造化之精灵，聚日月之光华，蕴山川之秀美，而翡翠享有"玉石之王"的美誉，正所谓"赏玉容天地"。因为它以变化万千的色彩、晶莹剔透的质地、含蓄的水头等自然韵味契合了中华民族的审美心理，"大圭不琢，美其质也"才渐渐成为国人追求自然美的审美取向。

翡翠玉环

翡翠的美，继承了自古以来玉石所表现出来的各种美，除了物质本身的美、被人格化了的"玉的五德"之外，还重点突出了色彩美、含蓄美、神秘美、可塑美的特点。

翡翠雕双耳香薰

■ 清 翡翠鹤鹿同春山子

翡翠的颜色是所有宝玉石中最丰富、变化最多的，它几乎能呈现出自然界中所有的色调。神奇的翡翠世界首先从颜色开始，颜色正是宝玉石最为直观的美。从绿到红、紫、黄、黑及无色透明的色彩，都能在翡翠中被一一找到。碧绿清澄的绿、柔媚神秘之紫、神秘通幽的蓝、金黄的秋色……，翡翠不仅艳丽非凡，还能永葆温润美色，并且年代愈久愈显其天然本色。

翡翠的美不能缺少水头的映衬，好的翡翠水头介于透明、半透明之间，是一种含蓄美。水头好的翠称之为水绿，也就是上等的翠玉。倘若质白，只要地好水足、光泽较强也可算是水头好。世界上任何其他的宝玉石都不如翡翠那样含蓄有韵致，翡翠的含蓄表露出一种唯东方人才有的情感。其冰莹含蓄的水头，不显浮华、深沉而厚重，正如中华民族所追求和赞美的品质一样。

翡翠与生俱来的神秘美代表了中华文化的深邃。由于翡翠原石表层有一层风化皮壳的遮挡，就是在科学技术发达的今天，也没有一种仪器能穿透皮壳看清原石内部的优劣。翡翠的缤纷色泽、似透非透的材质，甚至赌石交易，都使人看不透、摸不准，给人以神秘感，让人浮想联翩，憧憬未来。

■ 清 翡翠老玉镯

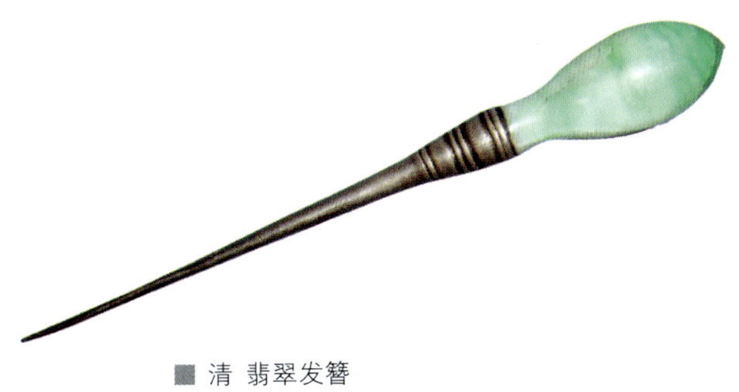

■ 清 翡翠发簪

翡翠镶钻项链

翡翠晶莹剔透的质地和千变万化的色彩使得翡翠具有很强的可塑性。翡翠天生具有的自然美早已让人们爱不释手，然而，在经过能工巧匠的细心雕琢后，它又被赋予了更深一层的文化含意。“玉必有工，工必有意，意必吉祥”，在美玉的基础上，经过人们巧夺天工的雕琢，同时又赋予设计师很多的感情和意愿，最终成为饱含民族心血和智慧的玉器艺术品，具有无限的魅力和珍贵的历史艺术价值。翡翠的可塑美也就是玉文化的精髓所在。

■ 清 翡翠牌

■ 清 翡翠鼻烟壶

翡翠首饰

翡翠手镯

手镯亦称“钏”“手环”“臂环”等，是一种戴在手腕部位的环形装饰品。据相关文献记载，在古代不论男女都戴手镯，女性作为已婚的象征，男性则作

■ 冰蓝紫手镯

■ 冰黄手镯

为身份或工作性质的象征。在古代社会，人们还认为戴手镯可以避邪或碰上好运气。手镯堪称翡翠首饰之翘楚，翡翠以色为重，手镯更是以色为先。

翡翠手镯的镯形

福镯

福镯又叫圆条镯，指的是内圈、外圈和条杆圆的手镯。福镯是一种流传已久的经典镯形，讲究精圆条厚，庄重正气。手镯圆润饱满，外圆、内圆、环圆可谓是三圆合一，象征着事业和生活都圆圆满满，佩戴在手腕上，可显出女性贤淑温婉的气质，也可保平安，是佩戴收藏的最佳选择。

冰黄圆条手镯

翡翠B货手镯

■ 糯化种翡翠贵妃镯

贵妃镯

贵妃镯是指内圈和外圈扁圆，条杆从弓形到圆形不等的手镯。相传杨贵妃十分喜爱椭圆形态的手镯，后人称其为贵妃镯。贵妃手镯其实就是对椭圆形手镯的美好称谓，适合手小巧的人士佩戴，因其形与人手腕形相吻合，佩戴起来更舒服，同时显得手更加美丽、纤细，别具妩媚的风格。

■ 贵妃手镯

■ 翡翠平安镯

平安镯

平安镯是指内圈和外圈圆，条杆从弓形到半圆不等，因为内圈磨平，称为平安镯，也叫扁口镯，就是现在市面上 90% 以上镯子的式样。平安镯出现的时间比较晚，可以说是现代的发明。其好处是节省翡翠工料，内圈贴腕，不过内圈打磨一定要好，不然会磨粗了手。这种镯子百搭，任何玉种玉色都有。

■ 墨绿翡翠平安手镯

南工美人镯

美人镯是钏的变种，虽然也是内圈圆、外圈圆、条杆圆，但是条杆直径极细，基本上是现在镯子的一半到三分之一，属于苏州细工，因为考虑到南方女孩子手小，镯子重了很累，所以条杆直径非常细。美人镯胜在娇俏灵动，但不贵重，所以一般不用太好的种色，种大概在糯以下，色也不用满，一抹绿或飘花或一抹红（一抹红的更好）为佳。

■ 美人镯

竹镯

竹镯是将手镯刻成竹子的形状，用竹叶、竹枝和竹节做装饰，可以将一管竹子弯成一圈，绕在手腕上。南方也做这种竹子，但是往往做成圆的；北方常在竹节处做出棱角，可做八节（就是八边形）、九节（九边形）和十节（十边形）。这种镯子适合年纪较大的女性佩戴，北方的竹节镯常用白地青的，讲究“清白有节”，节同女子守节。

■ 竹镯

北工方镯

北工的很多方镯做工非常大气，且常用方型棱角。方镯有两种，一种是内圈和外圈都是圆的，条杆是矩形的; 另一种内圈是圆的，外圈是八边形，条杆也是类似矩形的。

■ 北工方镯

各式工镯

工镯所用的玉种通常来说都不是上乘的玉种，而且一个镯子上有很多种颜色，因此具有高超技艺的工匠就因俏色做出各种吉祥如意的图案。因为手镯的内圈要紧贴手腕，因此内圈不会上工，以免会硌手。为了凑颜色，所以镯子或圆或扁也没有规定。这种工镯做到极致的话，苏工可用软玉做出镂空花样，北工可在镯子条杆两边整圈雕出精圆珍珠边。

■ 工镯

■ 镶金翡翠手镯

镶金翡翠手镯

在中国传统文化中，金和玉象征高贵与纯洁，就像李白诗中所写：“金樽清酒斗十千，玉盘珍羞直万钱”。金镶玉象征“金玉良缘”，预示着有情人终成眷属。金镶玉不仅提升了翡翠的价值，K金钻石与翡翠的完美搭配也显示出了夺目的光彩，堪称尊贵吉祥与超凡脱俗的完美结合。

鸳鸯镯

鸳鸯镯是指成对的手镯，这种手镯可以上工也可以不上工，不拘泥于统一的样式，因为鸳鸯镯本身就是精品了，但是无法鉴定镯子是否是从一个玉胎里出来的，所以遇到这样的玉料，都是由技艺精湛的工匠来做，既能保证镯子的质量，又可以证明镯子没有作假。

■ 冰种翡翠鸳鸯镯

麻花 / 绞丝镯

这种镯子在北方称为麻花，南方称为绞丝，是工镯的一种。麻花镯开始是仿的银镯里的麻花杆式样，只是将福镯那样的圆镯表面刻成麻绳表面那样的纹路。苏工对这种镯子的式样要求精益求精，把镯子的每一股都分开，但是都依顺序角度缠在一起。

这种镯型把玉工发挥得淋漓尽致，多用软玉加工，可做成三股四股，到六股或再多的话基本就不能佩戴，只能放着当艺术品了。

■ 清 满绿翡翠麻花镯

■ 满绿翡翠手镯

如何判断翡翠手镯的玉质和价位？

高档和低档翡翠手镯的制作工艺是相同的，之所以有不同的价位，完全是翡翠料质上的差异。翡翠玉镯在价格上有很大差异，便宜的数百元就可买到，最贵的价格达千万元一只。选购时，应根据自己的需要和喜爱来决定，选购不同价位的翡翠玉镯，要有不同的标准。

低价手镯：数百元一只，低价手镯的颜色不会好，颜色灰或暗，玉质较差，这是正常的。常见者多为粗豆种、油青种等，都是比较干的种，质地较粗。

中等价位的手镯：千元至数千元一只，这类价位的翡翠手镯会有些颜色（指绿色），或有些好种，如豆青种、芙蓉种，或有种无色（即透明度较好而不带有绿色）、白底青种。

高价位的手镯：这种价位一般会有些鲜绿色。透明度较好的手镯，价位在万元至几万元。绿色的鲜艳度越高，绿色面积越大，透明度越高，手镯的价格就越高，价位会从几十万元至几百万元。1995 年佳士得拍卖公司拍卖一个手镯，拍了港币 1000 万元。原因是这只手镯均地布满绿色，色、种、质均佳，十分难得，行家称之为“是用做戒指面翠料做成的手镯”。

翡翠扳指

扳指自古有之，商周时叫“玉韘”，河南安阳妇好墓曾出土一件扳指。只是到了满清之后扳指才逐渐被大家熟悉起来。扳指又写作“搬指”或“班指”。满族人最早戴的扳指是鹿骨做的，戴在右手拇指上，拉弓射箭的时候可以防止快速的箭擦伤手指。后来不打仗了，逐渐有了玉石和金银等贵重材料做的扳指，象征着权势地位，也体现满洲贵族的尚武精神。到了后期纯为装饰，皇帝有时候赏赐有军功的武将，也会赏扳指，纯粹的文臣是不戴的。

■ 翡翠扳指

■ 冰种满绿翡翠扳指

■ 明 A 货翡翠扳指

据《滇海虞衡志》记，“玉扳指，玉手圈，官吏无不戴之，女钏同男，或以一手双环为荣。”因为清代皇帝十分喜爱扳指，王公大臣乃至地方官员们便将各种扳指贡入宫廷，有的扳指面上雕刻“古稀天子”、“万寿无疆”及御制诗等纹饰。清代扳指的种类很多，有用青玉、青白玉、玛瑙、象牙、碧玺（电气石）等制成的。在翡翠流行之后，便出现了高档翡翠扳指。在清代，高档翡翠扳指是十分昂贵的，一只上好的扳指，可以换到几座宅院。据记载，清末内务大臣世续常坐在隆福寺或护国寺的珠宝摊上，举着手说：“我这扳指是一万两银子买的，你们瞧瞧翠好不好？”

翡翠扳指造型简单，做工不复杂，一般不雕刻花纹，完全以翡翠本身的颜色材质取胜，所以翠色和种哪怕是有一点差别，在价值上都会有很大差别。故宫博物院珍宝馆展出的两只翠扳指，虽是满绿，但种略差，翠色较嫩，称不上极品。北京首都博物馆展出的一只满绿翡翠扳指，比故宫博物院展出的两只好一些。

翡翠耳饰

翡翠耳饰的种类很多。根据佩戴方式，可分为垂耳式和贴耳式两类，每一类中又可分为雕花和素身（光身）两种。按形状，可分为耳钉、耳环、耳坠三种。

（1）耳钉：比耳环小，形如钉状。耳钉是直接固定在耳垂上，不能活动，为贴耳式。

（2）耳环：是圆环形耳饰，有垂耳式和贴耳式两种类型。耳环最早是专指佩戴在耳垂上的环状饰物，其装饰作用非常明显，选择一对造型、颜色适当的耳环，还可以弥补佩戴者脸形或者发型上的不足。

翡翠耳环流行的时间很长，至今都是人们喜欢的饰品。环形的翡翠耳环可以分为单环形耳环、二环或三环形耳环、树叶形耳环、古钱形耳环等类型。其中单环形耳环的翡翠首饰一般都比较大，佩戴后显得大方而有生气；二环或三环的耳环是由两个或三个圆环一个套一个做成，每个圆环都是用整料琢磨而成的，各个圆环之间都可以自由转动，在工艺上说较为复杂，用料也多些。但是总起来说，颜色鲜艳、种质通透的两环或者三环形的耳环并不多见，因此十分名贵；树叶形翡翠即雕琢成片叶状的翡翠；古钱形翡翠耳环古色

各式翡翠耳环

古香，可以有多种搭配，多数都是深色翡翠。

（3）耳坠：为垂耳式，通过金属件垂悬于耳垂下，可随人的行动而摆动。古代对女人有种种行为规范，走路要有所谓的“走相”，不能走得太快了，也不能走得过于风情万种。佩戴耳坠的女子行走时，要是感觉到耳坠打到了自己的脸，就需要及时纠正自己的走姿。

■ 18K金镶翡翠福字耳坠

翡翠耳饰的制作有雕刻和镶嵌两种工艺。清中晚期的翡翠耳饰，以雕工取胜，以吉祥如意纹饰为主，透雕、浮雕相结合，极为精致小巧。民国年间的翡翠耳饰，因受西方首饰风格的影响，以镶嵌工艺为主，将一些水滴形翡翠镶成耳饰。现代翡翠耳钉、耳坠，更强调现代意识，镶嵌时还选配宝石、钻石，在保持鲜明个性的基础上，追求华贵奔放的风格。

现代翡翠首饰和玉首饰中，耳环、耳坠、耳针都要采用金银质附件，所以这三种耳饰没有根本的区别，耳环也成为为耳饰物的泛称。

■ 翡翠配钻石耳坠

■ 圆形翡翠耳环

选购翡翠耳环要注意哪些事项?

选购翡翠耳环要分两步走，在考虑翡翠耳环本身时，仍然是从种质、尺寸大小、颜色、厚薄、有无裂纹、造型雕工去观察、选购。

另外还要考虑佩戴后的效果，耳环直观性强，直接佩戴在脸的两侧，十分显眼，所以耳环的装饰效果不容忽视。圆脸形、脸大的人，不宜佩带大而圆和贴耳式的耳环，选用较长形的垂耳式的耳环较协调，而且起到弥补脸形缺点的作用，增加了美感。当然大小也要相衬。圆形和长形脸的女性，既可选戴贴耳式耳环，也可选戴垂耳式耳环；方脸形的女性，以选贴耳式耳环为佳。梳露耳式发型的女性，因耳朵外露，宜选贴耳的“耳钉”，也可选垂耳的荡环；梳掩耳式发型的女性，应选戴吊链略长的荡环，使垂耳的翡翠宝石外露，才能起到好的装饰效果。

佩戴翡翠耳环，也要注意与自己颈部及耳形保持协调。颈部较长的女士，宜选购垂耳式耳环，佩戴荡环更显窈窕动人。耳垂大的，要选大的耳环，耳垂小的人，宜选小耳环。

耳环或耳坠均需配对成双。颜色配对的翡翠耳环，价钱肯定较高，因为翡翠耳环原料的缘故，很难找到两粒完全相同的，多数是大致相似。所以，一方面不能刻意要求完全相同，另一方面则宜要求颜色浓度、鲜阳度尽可能相似。

翡翠项链、吊坠

项链是最早发现的人体装饰物，早期人类的服饰造型简单，颈部裸露在外，十分适合佩戴饰物，项链因此应运而生。佩戴项链，向上修饰脸部，向下与服装产生共鸣，与手上的装饰物相比对活动产生的影响也较小。同时人体的颈部线条优美，再加上项链的点缀便更加引人注目。所以项链与其他珠宝相比，位于一个极其重要的位置，而正是这个特别的位置让项链在整体装扮中起着画龙点睛的重要作用。

吊坠则是一种简单的胸饰，从形式上看，吊坠多是指非片状的玉饰（片状的玉饰叫玉牌或别子），有雕花和素面两种。翡翠吊坠使用方便，样式较多，选择面广，比戒指和耳环等更适宜所有人佩戴。

■ 冰种黄翡项链

■ 翡翠 B 货莲花仙子吊坠

■ 圆圆满满翡翠吊坠

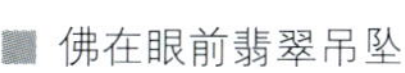

■ 佛在眼前翡翠吊坠

翡翠雕花吊坠在制作时一般都是采用“随形借料”的方法，不会轻易破坏翡翠原料的基本形状，所以在形制上也没有什么规律。但是翡翠雕花吊坠也有一些共性，例如，吊坠的件头都不算大，其外表都没有尖状突起，尽可能圆润，手感舒适，大部分都选用寓意吉祥的题材，同一种题材的构图和形象上的刻画有一定的规则。翡翠雕花吊坠常见的题材有福寿、五福捧寿、福在眼前、喜在眼前、蝴蝶、双獾、弥勒、观音等。

素面吊坠表面没有雕花装饰，造型简单，主要包括圆形吊坠、长形吊坠、方形吊坠、心形吊坠、十字架形吊坠等几种。

圆形吊坠的外形主要为圆形，呈扁平状，中间有圆孔。以中心圆孔的大小来分，中心圆孔最小的一种叫“怀古式”圆形吊坠。中等大的叫做“玉扣”。中心圆孔较大的一种叫做“玉环式”。

■ 茵然翡翠吊坠

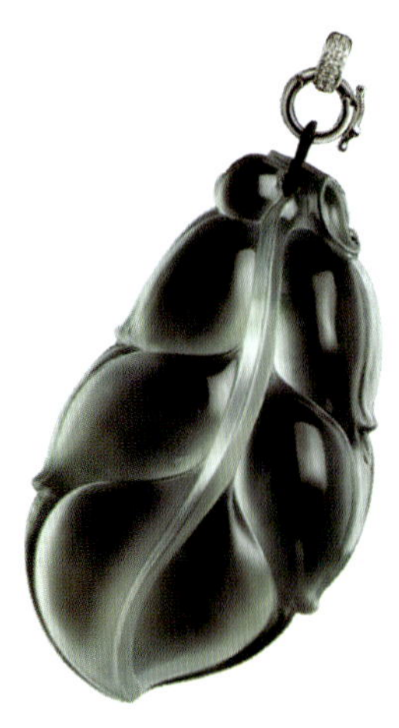

■ 事业有成翡翠吊坠

心形吊坠又叫杏仁式吊坠或鸡心式吊坠，形状似心形。心形吊坠对材料的要求非常高。

方形吊坠指片状正方形的吊坠。

长形吊坠是指长度较长的圆柱形或扁圆柱形，也有圆角方柱形。

十字架形吊坠是天主教和基督教的吉祥圣物，不仅是教徒们喜爱的佩饰，也受到了更多非教徒的青睐。

挑选翡翠吊坠需要注意的事项

从厂家制作翡翠饰品的习惯来说，上好的翡翠一般都是优先用于制作素面首饰，有雕花装饰的翡翠吊坠一般都是用有绺裂的翡翠料制作的，当然这种做法是很正常的，也没有什么理由指责，但是可以得出一个结论：雕花的翡翠吊坠一般都没有素面的翡翠吊坠价格高。

翡翠胸饰

胸针又叫胸花，别在妇女衣服的前胸上，雍容华贵，是显示身份、与男人军功章相匹配的饰物。中国古代没有胸针，这种玉首饰的新形式是在清末民初传入的，首先在上流社会流行。最初传入的胸针，叫“水钻别针”，是以金银细工镶嵌而制成的花形饰品，上嵌水钻，下有别针。高档胸针嵌有宝石和钻石。

■ 翡翠花草形胸针

■ 冰种正阳艳绿蝴蝶形翡翠胸针

翡翠蝴蝶胸针

基于这种原因，翡翠胸花没有年代太早的，风格多为西洋式，而且制作翡翠胸花，常用小块翡翠与金银细工镶嵌工艺结合制成，翠玉仅起点缀作用，后来才用整块翡翠琢花卉或雕动物，并用钻石、金铂来陪衬翠玉。

现代翡翠胸针是用翡翠与金银细工镶嵌工艺相结合制成，具有现代工艺精致工巧的特色。翡翠胸针分为两种，一种是雕花的翡翠用金属镶嵌，另一种是用小粒翡翠镶嵌而成。

翡翠胸针的造型和款式不多，按图案的种类来说，可分花草类、飞禽类、昆虫类、几何图类。昆虫形翡翠胸针以蜜蜂、蝴蝶、蜻蜓等造型为常见形象。花草类翡翠胸针以牡丹花、富贵花、葵花等造型为常见形象。

■ 翡翠蜻蜓胸针

挑选翡翠胸针的注意事项

选择胸针不仅要仔细观察翡翠胸针，还要考虑是否与佩戴者相称。在选择翡翠胸针的时候，首先要考虑翡翠胸针的体量大小。翡翠胸针要与佩戴者的身份、体形相符。身材高大的女士，要佩戴体量较大的翡翠胸针，如果选择体量较小的胸针，则显得不够大气。反之，身材娇小的女士，要选择体量较小的胸针来佩戴。

其次要考虑胸针的造型，除了要考虑造型轮廓的流畅之外，还要考虑造型的内容，比如蟹形的翡翠胸针，是表现同谐白首的寓意，适合已婚女士佩戴，不适宜少女佩戴。

最后要考虑的就是翡翠胸针的材质和做工。其中最主要的还是要看颜色，色要以浓艳为佳，种的选择反而不是那么重要。翡翠胸针的做工以薄跟小巧为佳，如果翡翠胸针过重，那么别在衣服上就会下垂，影响其装饰效果。

翡翠带饰和帽饰

翡翠的带饰指的是龙钩，其作用相当于现在皮带上的带扣。玉龙钩是在一块玉料上做出钩首、钩体、钩纽三部分结构。因为弯钩多做成螭首形，螭是无角的龙，故又名龙钩。从正面看，龙钩分为两部分：龙身及龙首。龙身为爬行的螭虎，龙首为螭首。从侧面看龙钩分为上下两层：上层是透空雕螭虎、螭首的层面；下层是底板，用以连接螭虎及螭首，在底板下有一蘑菇状纽，用以连接丝带。上层一般是翠色或翡色，下层是白色或淡绿色，这与翡翠的颜色呈条

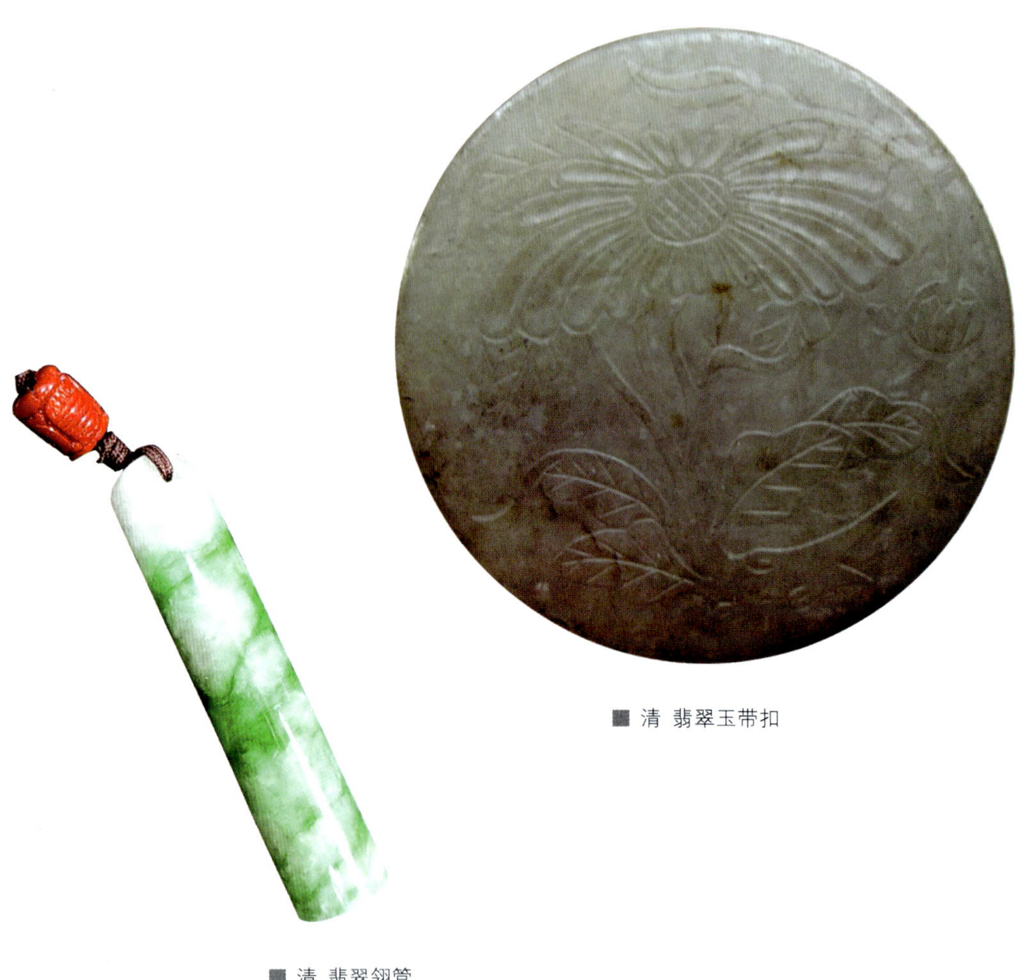

■ 清 翡翠玉带扣

■ 清 翡翠翎管

带状分布有关，同时也反映了翡翠首饰的制作要求是一定要把绿色用在器表面上。上层的螭首及螭虎多采用透空雕的技法，使得龙钩玲珑剔透、栩栩如生。

龙钩在很多年前就已经出现了，多为白玉、青白玉，但翡翠龙钩只有清代才有，均为螭形钩。在清代，翡翠龙钩是财富及权力的一种象征，也是身份的标志，用料和做工都很高档。

翡翠的帽饰在这里主要指翎管，是清代朝服官帽顶上插翎子用的饰物。

■ 清 翡翠龙纹带钩

■ 翡翠翎管

翡翠玉佩和别子

别子与玉牌、玉佩是同类，故许多人视之为同一种。明代把方形、长方形扁片状玉佩叫“玉牌”，明代著名的“玉牌”叫“子冈牌”，一面多为苍山云海、花草树木或典故人物；另一面多题诗赋词。

别子是清代开始盛行并广泛使用的饰物。清代的服饰是披挂制，许多用来装随身实用物的香囊、荷包等，是用绳绦别挂在腰带上，为了穿过腰带时方便，在线绳一端系一块小形玉饰，叫“别子”。清代时，翡翠别子开始流行，形成了一个品种。

■ 翡翠玉佩

■ 金镶玉翡翠玉佩

■ 雕龙翡翠玉佩

民国时有人将玉佩也叫作别子。其实别子与玉佩略有不同，别子因用于香囊、荷包等物之上，形制更加小巧。玉佩是直接佩于人身上，形制较大，式样更多。

现代的别子多已改为胸饰，形制更偏向小型化、随形化发展，形态千变万化。一些翡翠别子用金、银、铂金、钻石等镶嵌，变得更加丰富多彩、富丽堂皇。

■ 天然翡翠玉佩

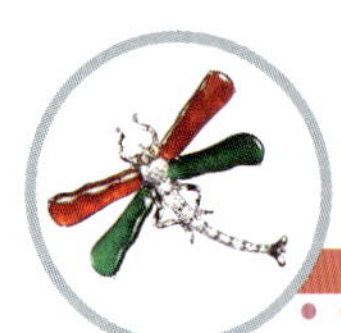

翡翠牌饰

翡翠牌饰应属平面艺术的一种表现形式，起源于西周，它不同于一般的线刻平面图案，而是集圆雕、线刻、浮雕、镂雕等多种技法于一身的艺术作品。翡翠牌饰的纹饰题材十分广泛，有人物、动物、植物和仿古神兽等，以镂雕复合图案最为精美、珍贵，有很高的收藏价值。其价值由雕刻工艺之精细、题材之繁简等因素决定。

■ 翡翠平安牌

■ 翡翠镂空牌

清 翡翠龙牌

翡翠子刚牌

明代晚期著名的玉雕工艺大师陆子刚（或陆子冈）是中国古代玉雕师的典范之一。根据《太苍州志》记载称子刚为“州人”。有的学者推测子刚为今江苏省太启县人，后居苏州，存嬴靖、万历年间，以琢玉闻名于世。《太苍州志》称：“子刚死，技亦不传。”

子刚牌刻款均用图章式印款，刻字多用阳文，也有用阴文或阳文一字、阴文一字同时使用。款有“子冈”、“子刚”、“子冈制”三种，字体只用篆、隶两种。落款部位也十分讲究，既不显目，也不同定一处，有的在器底、器背面、盖里等。陆子刚的琢玉在中国玉雕史上占有重要地位，其作品是重要的文化艺术遗产。

■ 清 翡翠子刚牌

天然和田玉子刚牌

翡翠的雕琢方法与和田玉有所不同，如果需要雕刻成子刚牌，必须选用质量较高的原材料，这是因为在玉雕行业中，子刚牌的做工是最难、最费工的。其费工之处就在于子刚牌属于诗文佩，正面的图案与背面的诗文都是突起来的，即阳文，而底子是凹下去的。子刚牌的做工在行业内称为“砣底”，就是用网形的砣将底砣平成长方形，而且还要留出突起的长方形边缘。要想做好，这在玉雕工艺中是相当难的。

福禄寿浮雕子刚牌

翡翠子刚牌选用的原材料不能太好，第一点是不能选用满绿的原料。这是因为在满绿原料上做过多的细工会大大损伤原料，行话称为“伤料”。对于十分珍贵的满绿翡翠原料来讲雕刻子刚牌是很不合算的。第二点是一般选用种分为糯化种或冰种的材料，如果种分太好、透明度太高反而会造成意想不到的负面效果，因为如果原料的种分很好如玻璃种的话，那么这种翡翠的透明度就会很高，子刚牌正反两面都要雕刻图案与诗文，它们会透过翡翠彼此影响，反而会使其美观效果大打折扣。

翡翠龙凤牌

有一种翡翠原料被称为“砖头料”。正如其名称，这种原料质地粗糙，没有任何透明度，偶尔有一些颜色漂浮在上面，就好像建筑工地的砖头一样，所以才会有了这样一个与翡翠这种玉石之王的概念完全相反的名称。翡翠砖头料以山石为主，本身并不具备什么特殊的潜质，也很少用于雕刻，也不再有具体的细分品种。在一些解玉的工厂中常见到被翡翠商抛弃的砖头料。因为品质很低，尤其是裂隙发育，它们绝大部分用来充当翡翠 B 货、C 货的原材料。砖头料通常体积巨大，往往一块原石可以做出一大批翡翠 B 货、C 货的成品，而这些成品的价值中几乎可以不包含原料的价值，因此它们的价格很低。

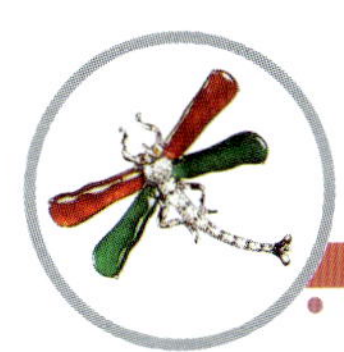

翡翠手把件

玉石的把件也常被称作玩件，这是取其把玩之意。玉器刚刚雕琢完毕的时候，雕刻痕迹会比较明显，放在手中有明显的棱角感，行业内常把这种玉器与新出土的玉器一起称为“生坑”。生坑的经过一段时间的把玩，逐渐地可以将玉器表面棱角分明的地方磨圆，并且在玉石的表面形成行业内所称的“包浆”，这整个过程就称为“把玩”或者“盘”。经过盘熟的玉器表面的光泽度会有很大的提高，玉石的温润也将明显地体现出来，所以经过把玩的玉器与未经入土或早年出土后经人工盘熟的器物在行业内就称为“熟坑”。

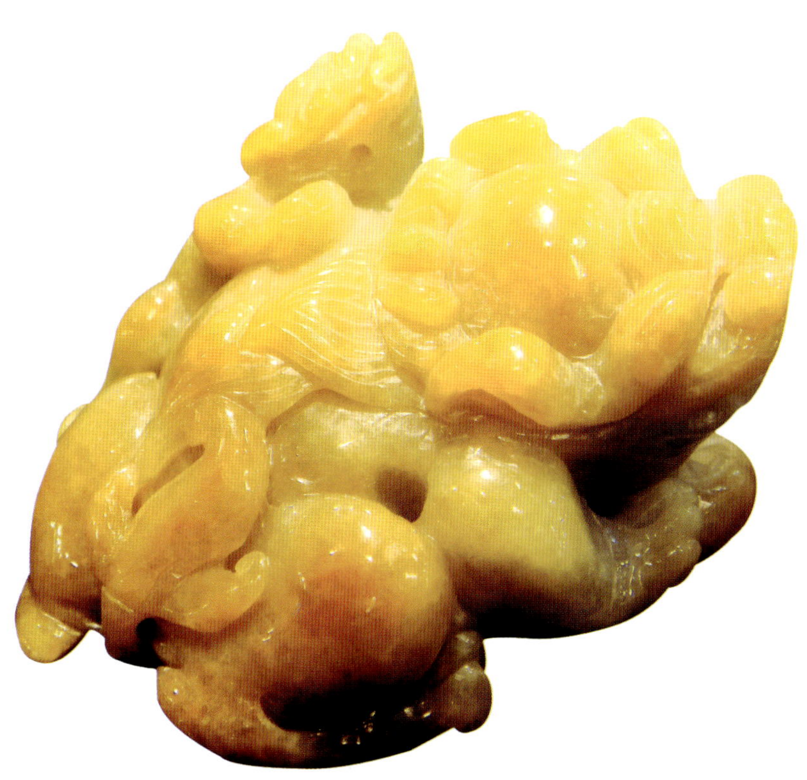

■ 橙色翡翠貔貅手把件

■ 冰种福禄寿喜手把件

■ 豆种翡翠手把件

玉石乃天地之精华，万物造化的宠儿，所以才会有晶莹润泽的美丽。既然称为玩件或把件，那这种玉器自然要在收藏者的手中不停地把玩磨搓了，因此所有的把玩件都有一个共同特点，那就是体积大小需适宜在手中磨搓，还要有一些凸出或浑网的棱角，使得它们在人手中被把玩的过程中还能明显地引起手的触觉，有的时候甚至还可以有按摩穴位的功效。把玩件通常不会选用上乘的翡翠原料，因为最高质量的翡翠原料主要用来做戒面、珠串与手镯之类的饰品而不是把玩件。用作把玩件的翡翠原料大多是有明显风化外皮的料子，行话称“坨坨料”。由于鲜艳的风化外皮，这些坨坨料在雕刻的过程中可以依据原料的自然外形及皮子的颜色进行俏色雕刻，从而制作出颇具雕刻师风格特色的把玩件。

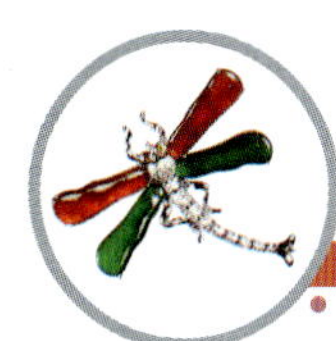

翡翠摆件

摆件指能够摆放在几案、桌子之上或庭院中的一种玉雕形式，小的只有几厘米大，而大型的则可有一两米大，重达几吨。摆件通常会以自然山水等景观作为雕刻的题材，也会选取一些人们耳熟能详的神话故事等作为内容。在摆件的下面通常要配托，有的用根雕，也有的用定制的木托。摆件的雕刻工艺是所有形式的翡翠饰品巾最为复杂的，常可达到无巧不施、无工不精的境地。

时来运转翡翠摆件

大展宏图摆件

山子是置于案头或室内供观赏陈设的摆件，多用整块玉料雕成，在保留原始玉料整体外形的前提下，用叠洼的技法，雕琢具有一定含义的图案，制成后因为形状像一座小山一样，故名山子。山子是大型的玉摆件，古时候称为重器，最早见于唐代，到宋元时期成为常见的玉雕品种，通常用来表现人物、山水、动物、植物等人文景观和自然景观。山子的雕琢技法较为全面，镂雕、浮雕、圆雕、线雕结合使用，具有

■ 紫罗兰翡翠山子摆件

■ 出水芙蓉摆件

春带彩玻璃种翡翠山子

高冰满绿翡翠山子摆件

较高的艺术性。山子的题材生动，主题完整，非常有诗意。通过概括而简练的手法和表现技巧，构成了一个统一完整的艺术形象。

山子中较为恢弘豪气的作品是非常难能可贵的，这是因为翡翠大型的原料本身就很少，而中高档的原料作大型的山子又是不太可能的，因此只能选择质量较低的石料翡翠，但是山子又是一种非常费时间的雕刻形制，因此较高的雕工技艺和较差的翡翠原料很难达成统一，这也就决定了上好的翡翠山子的数量少之又少，翡翠山子在当今市场上非常少见。

翡翠山子的评估

想要拥有一件精美的翡翠山子，就需要从以下几方面来进行评估：

（1）用料：山子用料大是其最显著的特征，以保留整块玉天然淳朴的外形特点。

（2）取材：山子大多都是以人物景观和历史场景为题材，人物、山水、花鸟鱼虫、奇珍异兽、亭台楼阁，应有尽有。

（3）工艺：山子的工艺非常复杂，若是工艺精细，用工巧妙，则可视为佳作。

（4）布局：山子的布局要求层次有序。

（5）气势：山子的气势要求壮观，意境深远。

■ 代代有福

四大国宝翡翠

四大国宝翡翠现陈列于北京中国工艺美术馆“珍宝馆”，这 4 件作品均是由北京玉器厂近 40 名玉雕大师，用四块大型翡翠原料，从 1982 年开始，耗时整整 6 年时间精雕细刻而成的异常珍贵的翡翠玉雕作品。这 4 件玉雕作品于 1990 年获国务院嘉奖和中国工艺美术百花奖“珍品”金杯奖。

翡翠景观《岱岳奇观》

此作品高 78 厘米，宽 83 厘米，厚 50 厘米，重 363.8 千克。这件作品以珍贵的翠绿充分表现泰山正面的景色，突出了十八盘、玉皇顶、云步桥等奇景，显示了泰山的雄伟气势和深邃意境。

■ 翡翠景观岱岳奇观

翡翠花薰《含香聚瑞》

该花薰高 71 厘米，宽 56 厘米，厚 40 厘米，重 274 千克。薰的主身是以两个半圆合成的圆球体，集圆雕、深浅蓝浮雕、镂空雕于一体，综合体现了中国当代琢玉技艺无可比拟的高、精、尖水平。

翡翠花篮《群芳览胜》

篮高 64 厘米，其中插满牡丹、菊花、月季、山茶等四季香花，是当今世界上最高大的一个翡翠花篮。这只篮上的两条玉链各 40 厘米长，各含 32 个玉环。玉雕大师足足花了 8 个月的时间才完成。

■ 翡翠花薰含香聚瑞

■ 翡翠花篮群芳览胜

翡翠插屏《四海腾欢》

高74厘米，宽146.4厘米，厚1.8厘米，插屏的整个画面以中国传统题材“龙”为主题，9条翠绿色巨龙，在白茫茫的云海里恣意翻滚，气势磅礴，是当今世界最高大的一个翡翠插屏。

■ 翡翠插屏四海欢腾

第五章

慧眼识宝——翡翠的鉴定和投资

翡翠的鉴定要素

目前关于翡翠的鉴定尚未有一个统一的量化分级标准，但业内人士大多根据自身的经验而各自建立了对翡翠评估的标准。通常可以从以下几个方面对翡翠进行鉴定。

翡翠的颜色

可以根据翡翠颜色的纯净程度、分布状况以及色彩浓度的不同来区分翡翠的等级。艳润亮丽、浓淡均匀的纯正祖母绿或翠绿的级别最高；绿色均匀，整

■ 翡翠C货

■ 翡翠钻石项链

翡翠配花形钻石项链

体中有浓色斑点的正绿色、苹果绿或黄秧绿的次之；整体绿色不均匀的正绿色、苹果绿或黄秧绿的再次之；微偏蓝绿色的又次之；蓝绿色的更次之；蓝灰色，包括淡黄绿色、淡紫色和淡红色的翡翠等级最低。

■ 翡翠C货

翡翠的透明度

翡翠的透明度可以分为5级。全透明者为最佳，如纯净无色老种玻璃地品种的翡翠。透明、半透明、微透明、不透明的翡翠等级依次降低。

■ 天然冰种翡翠珠项链

■ 花之语戒指

翡翠的纯净度

影响翡翠纯净度的因素主要有绺裂、黑点及白棉等。如果翡翠在10倍放大镜下看不到任何灰黑丝、绺裂，只在不显眼处偶有个别小黑点或白绵，其纯净度最高。纯净度差的翡翠则含有较多的黑点、白棉、灰丝及冰碴物，肉眼即可看到绺裂。

■ 珠连璧合翡翠钻石项链

■ 翡翠如意项链

翡翠的声音

将两件翡翠制品相互碰击，或用玉块碰击被测翡翠，若是天然翡翠，会发出清脆的声音，若不是天然翡翠则声音沉闷。这种声音上的特征原来仅为天然翡翠所有，但是现在由于作假工艺高超，部分翡翠B货以及大多数的C货，撞击发出的声音与天然翡翠几乎没有差别，所以听声音只能作为一种参考。

冰种弥勒佛

收藏翡翠原料的风险

翡翠原料收藏的风险主要是：天然翡翠千变万化，虽有一定的规律可循，但也有特殊性和偶然性，所以即使是很有经验的人也有看走眼的时候。比如翡翠原石中有靠皮绿，外表各方面看起来都很不错，沙质细腻，雾、皮、松花都很不错，但切开之后，绿色仅仅只在表皮薄薄的一层，并没有延伸至翡翠玉肉之中。一旦看走眼，以高价买下劣质翡翠原石，带来的经济损失极大。所以准备收藏翡翠原石的收藏者应该做好这样的心理准备。

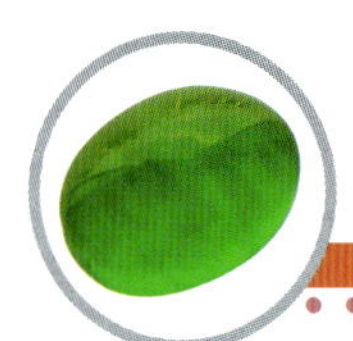

翡翠的鉴定方法

鉴别翡翠的传统方法主要是凭眼力观察来作出判断，其依据是对于翡翠知识的积累与多看多摸的实际经验，归纳起来是“一看、二摸、三掂、四听”。

传统鉴定方法

看

是指看翡翠的特征，看其结构与色泽，检查是否有瑕疵。通过观察翡翠的翠性特征，可以判断翡翠结构的疏密以及晶粒的粗细。通过观察翡翠的光泽，来判断其真伪，如翡翠通常具有玻璃、亚玻璃或半玻璃光泽，但颜色分布不均匀；而软玉、岫玉等与翡翠相似的玉种，多具蜡状光泽和油脂光泽，颜色大多均匀。

摸

翡翠的传导效果好，传热散热都很快，因此将翡翠贴在脸上或放在手背上有股冰凉的感觉。翡翠硬度大，结构致密细腻，抛光后表面具有很高的光洁度，摸起来，有柔滑细腻的手感。

■ 翡翠碗

■ 心形翡翠项链

掂

翡翠的密度为 3.30 ~ 3.36 克 / 厘米 ^{3}，高于与其相似的独山玉、岫玉、软玉、澳洲玉等，但又低于钙铝榴石和水钙铝榴石等。有经验者可通过掂量重量，初步判断一块玉料或玉件是否为翡翠。

■ 翡翠碗

听

通过仔细听翡翠成品之间的碰击声，也可以帮助辨别真伪。天然翡翠，尤其是质地好的翡翠制品，碰击时会发出十分清纯悦耳的声音。通过听音来判断，就需要有一定的经验作为基础，只有熟知翡翠碰撞的声音，才能根据音质大体判断是否是翡翠，以及是哪种质地的翡翠。

■ 福在眼前翡翠手链

■ 翡翠项链

“三十六水，七十二豆，一百零八蓝。”这是翡翠鉴赏中的一句行话。水指翡翠的水头，豆指翡翠的地子，蓝指翡翠的颜色。“三十六水”是指翡翠的水头可分为36个等级，“七十二豆”是指翡翠的地子可分为72个等级，“一百零八蓝”是指翡翠的颜色有108个级次。实际上每块天然翡翠的水、地子和颜色都不是完全相同的，因此这种分法也只是将所有的翡翠进行一个类似的分级评价。

这种分法是评价翡翠的传统标准，因为分级过于细致繁杂，在实践中不易操作，现在已经不再使用，取而代之以“种、地、水、色、绺”5个方面的简化分级评价。

■ 翡翠白菜花插

大型精密鉴定仪器

■ 观音沉思翡翠摆件

大型精密鉴定仪器包括拉曼光谱仪、电子探针、分光光度计和红外光谱分析仪等。

拉曼光谱仪是对分子结构进行比对研究的一种方法。拉曼光谱仪可以提供一种不损害宝石的快速准确的鉴定方法。在检测翡翠方面主要有三个用途：鉴定是否是翡翠；判断翡翠原石内部其他矿物的信息，从而推测翡翠的成因及品种；区别天然翡翠与经过优化处理的翡翠。

电子探针的全称为“电子探针X射线显微分析仪”，这是一种精密的微区化学成分分析方法。其原理是利

■ 翡翠碗

■ 翡翠雕人物花鸟花插

用高能电子轰击射线，激发测试品产生射线，从而对样品所含元素作出分析。电子探针分析速度快，对翡翠制品没有任何损害。

分光光度计可以显示出翡翠的光谱吸收线和荧光光谱图，通过测定翡翠在某一特定波长处或一定波长范围内的吸光度，对翡翠内部的某些成分作出分析。

红外光谱分析仪在翡翠检验中可解决三个方面的问题：可鉴定制品的品种，比如可鉴别是翡翠还是翠玉等；可鉴别天然翡翠还是合成翡器；可有效鉴别出经过处理的翡翠，如一些高档的翡翠 B 货用常规方法几乎判断不出，但是用红外光谱分析仪，就能有效检查出是否经过酸洗注胶。

常规检测仪器

常规检测仪器包括折射仪、分光仪、偏光仪、显微镜、放大镜、比重计与比重液。

折射仪是检查翡翠真假最直接、最有效的仪器之一。翡翠的折射率为 1.66~1.68，点测法为 1.65~1.67，通常为 1.66。但使用折射仪必须注意的是：天然翡翠与经过处理的翡翠折射率相同，即翡翠 A 货的折射率和翡翠 B、C、B+C 货相同。所以，折射仪只能检查出是否是翡翠，但对于是否为经过处理加工的翡翠并不能鉴别。

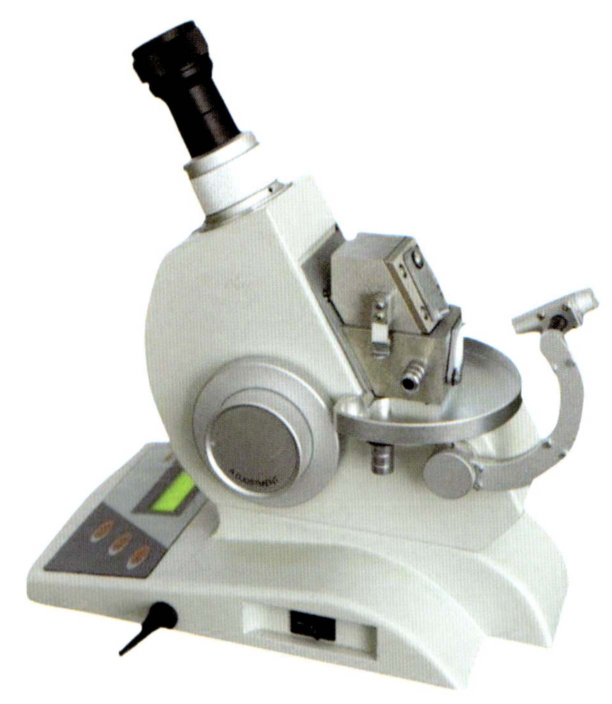

■ 折射仪

■ 福禄寿翡翠手镯

分光仪又称光谱仪，是进行光谱分析和光谱测量、将复色光分离成光谱的光学仪器。不同玉石因其致色元素的种类不同，其光谱分析也不同。因此，实际中常用分光仪来识别真假翡翠及染色翡翠。由铬致色的高级绿色翡翠，在分光仪的吸收光谱中，红光区 630 纳米、660 纳米、690 纳米处有三条阶梯状的细吸收线；一般翡翠，则只在紫光区 437 纳米处有一条明显的黑色吸收线；而经人工染色为绿色的翡翠（翡翠 C 货），在红光区 650 纳米附近区域有较密的吸收带。通过这几个特征，可以轻松辨别真假翡翠与染色翡翠。

■ 清 翡翠花插

偏光仪是一种用来测定宝石偏光性质的光学仪器。上下两个偏光片平行安放在台架上，上偏光片能在 360° 范围内转动，宝石光线若使上下偏光片振动方向呈平行状，此时亮度最好，称为平行偏光；若使上下偏光片振动方向互相垂直，则此时亮度最暗，称为正交偏光。由

■ 翡翠插屏

于翡翠主要由硬玉矿物组成，硬玉为单斜晶系，二轴晶正光性。所以在偏光仪下呈平行偏光，即全亮。

宝石显微镜的放大镜倍数通常为10~80倍。通过这种显微镜可清楚地观察翡翠的表面结构及内部组织特征，还可观察到拼接翡翠的接合面。

在没有宝石显微镜的情况下，可以使用聚光手电和手持式放大镜。聚光手电主要和手持式放大镜结合使用，通过翡翠的透射和反射观察翡翠的质地、透明度、颜色和瑕疵等。有时还可配合查尔斯滤色镜分辨、观察被测物是不是翡翠，是否为染色处理的翡翠。手持式放大镜的倍数有5倍、8倍、10倍、15倍和20倍等，其中以10倍的最为常见。在翡翠市场上，对于翡翠的瑕疵，常以10倍放大镜下观察的结果为依据来评定质量。

■ 清 翡翠杯

■ 翡翠手镯

比重天平是一种精确度高的电子天秤，测得的翡翠密度约为 3.30~3.36 克 / 厘米 ^{3}。密度是翡翠区别于其他相似玉的一个重要的指标。比重液是一种密度和翡翠相近的溶液，将翡翠制品置于溶液中，如果是天然翡翠，那么将会悬浮在溶液中，既不上浮也不下沉。

■ 比重天平

查尔斯滤色镜是一种只能透过红色和部分黄绿色光吸收其他色光的特殊光学镜片。查尔斯滤色镜一般用来检测假色翡翠。而在查尔斯滤色镜下呈绿色的翡翠一般是天然翡翠，在查尔斯滤色镜下变红的翡翠一定是假的染色翡翠。需要特别注意的是，并不是所有不变色的翡翠都是天然翡翠，因为有些染色、镀膜加工的翡翠在查尔斯滤色镜下并不变色。所以查尔斯滤色镜还需配合其他检测仪器一起使用。

在鉴别翡翠时，这两种方法并不矛盾，都很重要。在实际操作中，传统的方法更实用，因为在购买翡翠的时候不可能带上仪器设备检测，而且有的翡翠制品也不允许进行切片取样等有破坏性的检测。但是，从科学鉴定的角度看，科技方法非常重要，它是传统方法作出结论的依据和验证。只是进行科学鉴定所需条件较高，费用巨大，需要有各种检测仪器设备及专业人才。

翡翠仔料的作假方法

市场上的大多数翡翠仔料都会被切磨掉部分外皮，暴露出内部的质量，让购买的人能够更直接地判断翡翠原料质量。通常去掉仔料外皮的方法有两种：，一种是在仔料的局部磨掉外皮直到玉肉，这种方法称为水口；另一种方式是从仔料的一端切下一小块，并把切开的面抛光，这种方式称为开口。但是有翠有水的翡翠不多，于是就有各种对水口和开口改造伪装的方法。

常见的作假方法有：把各种无皮的新山料用滚筒滚圆，冒充仔料；用各种石头磨制成卵石形状，然后再给石头做假皮冒充仔料；在仔料的开口和盖子上分别贴上一层水好色好的翡翠薄片；用无色或色差的贴片，在贴片的背面涂上绿色冒充仔料；把绿色染料涂在乌沙皮仔料的表面，呈不明显的绿色，冒充松花，这种冒充内部高翠显示的作假方式也称为假爆青。

此外，还有作假者在切开赌料后，发现里面没有翠，或者底差，就原封不动地黏合起来，又在黏合线及附近做上假皮；或是将一小块质地较好的翡翠仔料嫁接到质地低劣的大仔料上，并把小仔料切成开口，制造假象冒充仔料。

翡翠与相似宝玉石的鉴别

在珠宝中与翡翠相似的宝石非常多，比较典型的有石英质玉、软玉、蛇纹石玉、独山玉、石榴子石玉、长石质玉、碳酸盐质玉和玻璃等。但是仿制品与翡翠的物理性质和镜下特征存在明显的差别，鉴定起来相对比较容易。

软玉与翡翠的区别

软玉是由角闪石族矿物组成的特殊集合体。软玉颜色比较均匀，有白色、暗绿色、黑绿色等，但无鲜绿色。它呈油脂光泽，无翠性。折射率略比翡翠低。

■ 和田玉挂坠

■ 翡翠戒指

独山玉与翡翠的区别

河南独山玉又称为“南阳玉”，绿色独山玉不够鲜艳，在同一件玉器上，可有白、绿、黑绿和黄褐色等多种颜色并存。大多数独山玉透明度较差，韧性也差，性脆。翠绿色的独山玉粗看像翡翠，如果细察，翠绿独山玉具有粒状结构或溶蚀交代结构，常带有黑点。独山玉在滤色镜下会变红，是翠绿色独山玉与翡翠鉴别的明显特征。

■ 独山玉

水沫子与翡翠的区别

云南昆明、瑞丽、腾冲等地和内地一些大城市的珠宝市场上，出现一种水头很好，呈透明或半透明的冰种玉石，颜色总体为白色或灰白色，具有较少的白斑和色带，分布不均匀，这种玉在云南当地被称为“水沫子”。这种玉石常被加工成手镯、吊坠和雕件。用放大镜观察可见水沫子不显翠性，并有较多白色的石脑或棉。用手掂，与翡翠相比具有明显的轻飘感。

■ 水沫子手镯

■ 翡翠手链

澳洲玉与翡翠的区别

澳洲玉（绿玉髓）又称南洋玉。由于颜色翠绿，颇得人们喜爱。它有一定的透明度，颗粒细，价格低廉。绿玉髓颜色鲜艳均一，有苹果绿、蓝绿等色，其抛光面无橘皮效应现象，看起来很像塑料。用放大镜观察，看不到翠性。

■ 澳洲玉手链

■ 澳洲玉十字架吊坠

东陵玉与翡翠的区别

东陵玉亦称印度玉，用透视光可见东陵玉内有平行排列的绿色铬云母片。侧视常形成一条绿线。在查尔斯滤色镜下观察，绿色铬云母呈现红色。东陵玉比翡翠的比重小得多，用手便可掂量出来。

■ 东陵玉手链

■ 东陵玉笑佛吊坠

■ 东陵玉手链

■ 马来玉项链

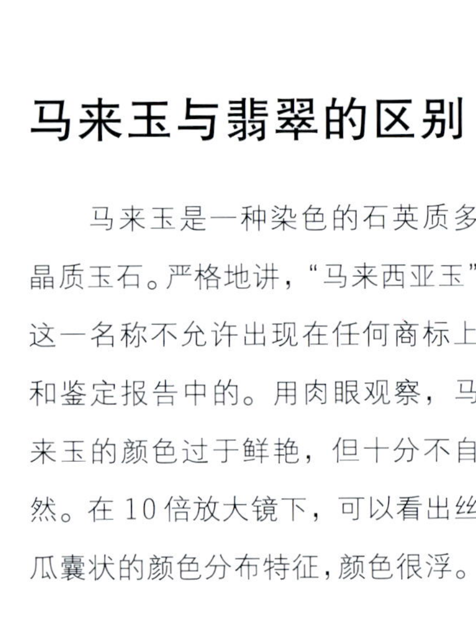

马来玉与翡翠的区别

马来玉是一种染色的石英质多晶质玉石。严格地讲，“马来西亚玉”这一名称不允许出现在任何商标上和鉴定报告中的。用肉眼观察，马来玉的颜色过于鲜艳，但十分不自然。在10倍放大镜下，可以看出丝瓜囊状的颜色分布特征，颜色很浮。

■ 马来玉耳钉

翡翠市场分析

从古至今，中国就是玉石大国。但随着20世纪后期改革开放的到来，西方文化大举进入中国，以戴比尔斯为首的西方宝石文化对古老的中国珠宝市场形成了前所未有的冲击，在国人还没有充分思想准备的情况下，系统的西方宝石文化就已经迅速进入了人们的生活，并得到青年一代的青睐。

20世纪90年代初期，在钻石文化、彩色宝石文化、西方时尚珠宝首饰文化等的猛烈冲击下，国人喜爱的玉石突然间迷失了自己的市场定位，所以在此后近10年的时间里，国内珠宝市场中玉石产品昔日的辉煌成就不再。但近年

■ 糯冰种飘花翡翠手镯

来以翡翠为主打的国内玉石市场的火爆并不是偶然现象。2003年“非典”的肆虐重新唤起人们对传说中能够辟邪的玉石的思念，加之近年传统文化的复兴，使得传统的玉石文化在沉寂了多年以后终于能够再次大放异彩。目前的珠宝市场以北京为例，销售以翡翠为首的玉饰品的比例大大超过以销售钻石为首的宝石首饰，占市场的总份额也已超过一半。

翡翠饰品的收藏不分雕刻风格，无论是属于东方传统祈福文化还是佛教文化，抑或是属于西方的绚丽多彩还是轻松诙谐的，只要工艺精湛、构思巧妙就可以成为收藏者的囊中之物。

■ 翡翠葫芦手链

■ 翡翠圆条手镯

曼德勒市场

曼德勒（瓦城）是缅甸翡翠交易的主要集散地。这里的翡翠成品有各种戒面、雕花件和手镯，除一般的中低档成品外，这里的缅商常有一些较高档的翡翠成品，几万元至几十万元一件的玉佩、戒面、手镯经常可以找到。但要注意的是在曼德勒经处理的翡翠 B 货、C 货以及“不倒翁”很多，甚至马来玉冒充好翡翠的现象也是不少的，人们在交易中要特别谨慎。

■ 大小珠形翡翠手链

■ 翡翠配钻石戒指

云南翡翠市场

20世纪80年代以后，随着我国经济的发展，靠近缅甸的云南瑞丽、盈江、腾冲等地也快速发展成为翡翠原料、半成品和成品的交易市场。据估计，20世纪90年代初，这些市场所占份额还比较小，大约只占缅甸翡翠总产量的1%～3%。20世纪90年代后半叶，缅甸和我国政府对翡翠贸易的推动，大大促进了云南翡翠市场的兴盛。目前，云南的翡翠市场主要集中在盈江。

翡翠蝶恋花胸针

冰黄翡观音

■ 腾冲自然风光

腾冲市场

云南腾冲是中国历史最为久远的翡翠加工和交易市场，清代以来，腾冲一直是达官贵人们寻求翡翠和贡品的地方。腾冲市场的翡翠以雕件为主，各种摆件、挂件较多，同时也加工手镯和少量戒面，那里偶尔还能觅得一些民间收藏的老货。

“玉不琢，不成器”。没有经过雕琢的翡翠毛料即使透明度再高、质地再好也不能尽显风采，但如果只是简单雕琢，也不能将翡翠内部的晶莹剔透与碧翠欲滴展现出来。创意绝佳的雕刻思路、无巧不施的精雕细琢，结合种水色俱佳的翡翠原料才能使翡翠一洗陈年倦怠，以绝世佳作的面貌傲立于玉器丛林，这就是令人神往的翠雕奇观。

■ 雕花翡翠手链

■ 蝶飞花丛翡翠胸针

■ 梨形翡翠戒指

瑞丽市场

云南瑞丽的翡器交易都是自由议价，但要多看，少买，看一定要仔细，对真正看准的货的价值要有个合理的评估后再问价，还价不要受买主的叫价影响。

翡翠有人工合成品吗？

长期以来，用人工合成的方法生产高档宝石原料一直是人们的梦想。科技的发达，使人造钻石、人造红蓝宝石、人造祖母绿等高档宝石原料均进入工业化生产。翡翠作为一种多晶质玉石原料，在人工合成方面进展甚微。现在，在实验室里可以利用高温超高压法生制出合成翡翠。这种晶质的翡翠合成品，经琢磨抛光后，即可得到合成翡翠成品。合成翡翠原料经 XRD、IR 成分分析，硬度、相对密度、折射率、荧光等数据与天然翡翠的数据基本一致。目前在实验室中还没有合成出艳绿老坑玻璃种的翡翠合成品。

第六章 什袭而藏——翡翠的收藏和保养

收藏翡翠的意义

高档翡翠不适合短期投资，放长线更加合适。翡翠近几年的平均升值在50％以上，有些品相特别出色的升值更多。现在我国已经有越来越多的投资者选择收藏翡翠来保值、增值。具有收藏价值的宝石级翡翠只有缅甸出产，这种资源的不可再生性和稀少性，决定了它特有的投资价值。最近几年，国内一些珠宝玉器拍卖会上，高档翡翠的价格屡创新高，其升值之快，是邮票、陶瓷和书画等其他投资品所难以比拟的。

镂空翡翠手链

冰种翡翠手链

翡翠虽然稀少且增值空间可观，但不是所有的翡翠都值得收藏。这里就涉及到了一个主题收藏的问题，所谓主题收藏，就是专门收藏某一系列的货品，比如生肖、图腾、宗教或其他具有特别文化内涵的系列产品，这些藏品单件在购买时可能价格不高，但收藏者把它们组成一个系列后，其艺术附加值会明显增加，只要种水好，有特色，交易时价格就会大幅上升。也有收藏者特别偏好于翡翠品相的某项指标，例如种，有时为了收藏种相出色的货品，而不得不牺牲另外一些指标，其他投资者也可以利用这种差异，用优惠的价格淘到超值的货品。

墨绿翡翠摆件

翡翠的商业术语有哪些?

翠色是指翡翠首饰绿色的商业术语。虽然翡翠有许多种颜色，但绿色最有商业价值，历来是人们关注的重点，所以描述和评价翡翠翠色的术语很多，各有不同的用处。

正色指翡翠色彩的主色调是绿色，不含色调，但色彩饱和度可高可低，即绿色可浓可淡，但色彩的主色调一定要纯正，也就是吸收光谱的波长在 530 ~ 510 纳米。

偏色：指翡翠色彩的主色调依然是绿色，但含有了非绿色的色调。偏色有两种趋向，一种是偏蓝色，一种是偏黄色，有的称之为蓝味或黄味。翡翠正色的吸收光谱波长以 530 ~ 510 纳米为主，偏黄的品种是有一部分吸收光谱波长为 560 ~ 530 纳米的波长叠加在其上；偏蓝的品种是一部分吸收光谱波长为 510~410 纳米的波长叠加在其上。

色阴：指翡翠的绿色中含有蓝灰或黑灰色，从色调的冷暖关系来看，偏蓝灰或黑灰是偏冷的色调，使翡翠的绿色在视觉上有阴暗之感。

色阳：指翡翠的绿色调中或多或少地叠加了一些黄色调，从色调的冷暖关系来看，偏黄是偏暖的色调，使翡翠的绿色在视觉上有鲜阳、娇嫩之感。

色老：指翡翠以绿色为正色，绿色饱和度高，色彩很浓，不偏黄色调，同时翡翠的绿色部分分布均匀，在灯光或阳光下翠色不发生变化。有人也称之为“色硬”或“硬绿”。

色嫩：指翡翠以绿色为主色或微偏黄色调，但色彩饱和度不高，整体颜色十分清淡鲜阳，犹如春天新发芽的嫩树叶一般。

收藏翡翠须知

对于翡翠藏品来讲，在保证其天然性的前提下，必须要有值得收藏的“藏点”。如果详细分类，主要有原料优、创意新、雕工精与货品奇四大要素。

翡翠的原料无外乎首先要水好、种老，这也是评价玉石“首德次符”之标准要求的。其次就是要色艳、色多，毕竟翡翠是用来美化生活、陶冶收藏者情操的大自然精华，所以颜色种类越丰富、越鲜艳就越好。再次就是要块大、肉细，因为只有质地细腻的翡翠才能给人以美感，而且同样质量的翡翠，块越大也就越稀少、越珍贵。当然，如果翡翠原料能有自己独特的味道，就更值得收藏了。

■ 观音坐禅翡翠摆件

■ 翡翠吉祥如意摆件

■ 翡翠手链

■ 希望翡翠摆件

对于一件真正的翡翠藏品来说，雕琢的寓意是否深刻、是否美好、是否能够引起收藏者的共鸣是非常关键的，这要求藏品要有与众不同的创意，在不经意中就能深深地打动收藏者的心。归结起来，进行雕琢创意时首先要量料取材，之后再因材施艺，最后选用适合的雕刻题材以体现美好的祝愿。知名的玉雕大师可以挖掘出很不起眼的翡翠原料的内在美，通过自己独到的创意，完成一件件神来之作。

雕工的精细除了在于精雕细刻外：还在于俏色、分色、巧色、描金、嵌宝、压金银丝等特殊工艺的运用，最终如果能达到“无工不细，无巧不施”的境界才可谓是雕刻工艺的最高境界。

■ 紫罗兰翡翠吊坠

翡翠市场中有很多怪桩，虽然它们不是主流，但对于收藏者来说，这些怪桩翡翠的收藏价值是很高的，甚至可以跟那些名正言顺的老坑玻璃种翡翠相媲美。比如颜色怪异的“非正桩”货、雕刻技法借用叶蜡石等印章雕制方法的、雕刻题材别出心裁而又惹人喜爱的、能成组或成套出现的等都可以令翡翠收藏者趋之若鹜。翡翠福鼠种水很好，可达到高冰种，绿色鲜艳呈带状贯穿于整件坠饰，用颜色较淡的部位俏雕一只可爱的小松鼠，既保留了珍贵的原料，又使坠饰更加生动，一举两得。蓝色怪桩翡翠原料绿中带蓝，为市场少有，是很多

■ 节节高翡翠摆件

■ 紫气东来翡翠摆件

玉雕大师非常愿意看到的原料品种之一。由于原料颜色怪桩，才有可能在雕刻后创造出具有自身鲜明特色的产品，即符合收藏要求“奇”的作品。

收藏翡翠并不意味着只要是翡翠就可以收藏，首先是要确保货真，再就是价实。虽然许多收藏者堪称翡翠行家，但当今科技的飞速发展，使得任何一个人都不敢轻视翡翠的优化与处理。由此，在收藏翡翠特别是高价值的翡翠时一定要慎重，最好能有专业的鉴定机构出具有法律效力的鉴定证书，千万不能大意或太过相信自己的眼力。

选择正确的收藏渠道意味着翡翠品质的保障。不同渠道来源的翡翠不仅品质好坏不能确定，甚至连真伪都还是未知数。当然若能确定是没有经过人工处理的天然品时，那么货品的价格就成为了第一要紧的问题了。不同的渠道将直接影响到其价格的高低，比如从零售市场购得的翡翠在零售这一环节被加高了利润，其实际价值很难根据它的购买价格进行评估，但如果购自专业性的批发企业，情况就不相同了。

收藏品不一定是商品，但翡翠的藏品却是商品中的商品，它永远具有社会的商业流通性。当今社会翡翠原石甚至可以用来向银行抵押贷款，能作为藏品的翡翠价值就更应该具有很好的稳定性了。那么怎样才可以准确地确定翡翠藏品的价值呢？这还要依市场行情而定，即所谓的随行就市。翡翠原本产于自然，没有任何的人为功劳附加在上面，所以仅从其自然属性来看，对翡翠的价值评定是无从下手的，但作为藏品的翡翠制品则

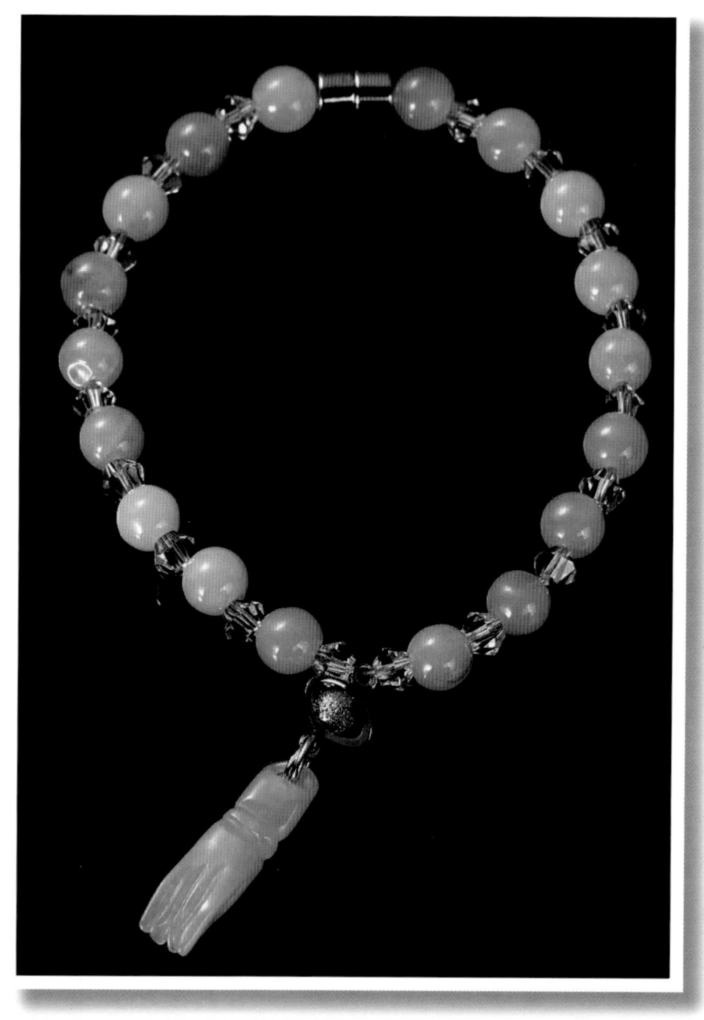

■ 翡翠手链

被附加了具有创意的雕刻工艺，因此它又是有价值的。但在不同的社会历史时期，其价值也并非一成不变，它是随市场的认可度等多方面的因素而改变的，所以在任何时候确定翡翠藏品价格都必须认真了解当时的市场行情，进而作出准确的判断。

虽然翡翠是玉石之王，其韧度、硬度、光泽、透明度等多项物理、化学指标高高在上，但是也存在着平时的保养问题。最简单的保养就是正常佩戴，俗话说“人养玉，玉养人”，经长期佩戴的翡翠由于受人体的长期“抛光”，其表面光泽会有一定程度的改观，所以行话说“藏不如戴”。

■ 清 翡翠发簪

常有人说翡翠的透明度、颜色可以“长”。从专业角度讲，翡翠形成于550℃、580℃的高温与近30000个大气压的超高压条件下，在常温常压的佩戴或保存环境中，翡翠的种水与颜色是根本不可能发生任何变化的。这里需要强调的是，所谓的“长色”、“长水”只不过是一种视觉效果罢了。翡翠经过长期的佩戴，佩戴者皮肤上的油脂可以很少量地浸入翡翠表面，从而略微地改善了翡翠表面的透明度，相应地使翡翠的颜色看起来灵透一些，这才是商业中翡翠 “长色”、“长水”的真正原因。

翡翠的商业术语续

色根：翡翠的绿色有两种，一种是真正的绿色，叫“色根”，也就是固有的绿色，是绿色的根本所在。另外一种假绿色，本来是无色的，是被旁边真正的绿色映照而呈现出绿色，这种现象在透明度较高的翡翠中尤为明显。

色力：翡翠绿色的浓淡厚薄还可用“色力”一词来表达。如一个浓艳满绿的戒面，无论从各个角度摆起来看，或者拿起来悬空着看，都不减色，称之为“色力足”，又叫“亮水”；若摆着看，绿色很浓，但拿起来看，却显得浅淡，这叫“色力不足”；还有一种是摆着看发暗，透视看又显绿，俗称“罩水”。

评价翡翠绿色的优劣一般用“浓、阳、俏、正、和”和“淡、阴、老、邪、花”十字口诀。其中，“浓”是指颜色的饱和度，即平时所说的颜色深浅，绿色饱满，浑厚浓重而不带黑色；“淡”是指绿色浅，色力弱。“阳”是指颜色的明亮程度，颜色鲜艳、明亮，即便偏色，也是偏暖色调；“阴”是指绿色昏暗，没有光彩，即便偏色，也是偏冷色调。“俏”是指绿色均匀柔和，“地子”“水头”好，相互协调；“老”是指绿色较深，均匀。“正”是指颜色纯正；“邪”是指颜色不纯正，有较大的偏色。“和”是指绿色翡翠颜色分布的均匀程度；“花”是指绿色呈点状、峰状、块状等不均匀分布。

收藏渠道

目前翡翠收藏市场持续火热，但要想淘到一件称心如意而又物美价廉的藏品难上加难。下面就主要谈一下藏品的来源。

零售环节是普通消费者购买翡翠的最直接环节，因为零售市场针对的就是普通的中、低端大众消费者，所以货品多样、规格齐全、价格适中是零售环节

■ K 金配钻翡翠戒指

■ 白天鹅翡翠摆件

的优势。

在珠宝行业中，珠宝专业市场方兴未艾，对于收藏者来讲，珠宝专业市场是锻炼眼力和评估价格的很好的练习场，当然也是很好的藏品来源地。专业企业有着零售市场与专业市场所不具备的优势：一方面专业性强；另一方面货品档次齐全、价格合理。

翡翠的产地、加工地与集散地主要针对的是行业内部的需求，这些地方的卖家虽然对零散的顾客也很热情，但价格与针对行内批发的客户是有明显区别的。这也是一个成熟的行业内部各行其道的做法，主要目的是保护同行零售企业的利益，从而达到整个行业健康稳定地发展的目的。所以对于收藏者来讲，亲自到翡翠的产地、加工地与集散地寻宝

■ 花开富贵翡翠手链

■ 仙女飞舞翡翠摆件

翡翠吊坠

无疑为一种更大的挑战。

拍卖会上的翡翠产品已经不再有神秘的面纱，其品质自然有拍卖公司严格把关，其价格也通过了行业内部专家的准确估价。对于那些不是很懂翡翠的收藏者来说，拍卖公司的工作无疑为他们带来最根本的保证；但对于那些精通翡翠的收藏家来讲，将翡翠的价格定得如此透明，反而使他们失去了一种迎接挑战的快乐，收藏的意义则更加倾向于保值。总的来说，前往拍卖会选购翡翠也不失为一个较好的选择。

怎样看懂翡翠鉴定证书？

翡翠鉴定证书的内容与语言都比较专业，如果没有一定的基本翡翠知识就很难看得明白。除了要看证书上的结论如“天然翡翠”或“翡翠A货”之外，最好记住翡翠的几个固定指标，如翡翠的相对密度即比重为3.3～3.34，折射率为1.66，在查尔斯滤色镜下不变色等。

另外，目前也存在翡翠鉴定证书作假的情况。因此消费者在购买翡翠时，要注意鉴定证书上是否有翡翠鉴定的权威机构在鉴定检测证书上注明的检测项目、检测数据、鉴定结论、鉴定师（签名）、核查人（签名）、检测部门公章、检测日期等。

翡翠的保养

翡翠虽然从本质上来说是一种玉石，质地坚硬，摩氏硬度为7，用锋利的刀具刻划不会留有痕迹，但它也有脆弱的一面，因此日常佩戴、保养的时候需要注意。

因为翡翠内部会有暗绺，强烈的碰撞可能导致翡翠暗绺变为恶绺、裂纹，甚至碎裂。像手镯和玉佩，更因形制上的原因，而成为怕碰撞之物。

■ 貔貅翡翠手链

■ 观音赏花翡翠吊坠

镶嵌翡翠石的首饰，多采用抱爪式结构，碰撞之后抱爪有可能松动或断裂，镶嵌的翡翠石容易丢失。在平时也要经常检查镶嵌的牢固性，看是否松动。对串珠的项链，应经常检查线的磨损情况，在翠玉挂坠中也是如此。

当翡翠手镯发生碰撞时，如果裂纹不严重，可继续佩戴。如果断裂成两截，可用金镶玉的方法在断裂口包金或银来进行补救。如果被摔得比较细碎，则可选取碎裂部分改制成其他的首饰，如明显的翠绿段或较大的翠绿点，可以加工成吊胆或戒面、辣椒之类的小挂件等。

冰种福在眼前

做饭时不宜佩戴翡翠，翡翠饰品应避免高温炙烤。很多人戴着翡翠手镯直接炒菜做饭，实际上烤灼会使翡翠失去温润的水分，使其种质变干，颜色也会变浅。因此对于贵重的翡翠饰品，做饭的时候最好能取下。翡翠是一种含有一定水分的珍贵石头。在翡翠加工的最后一道工序中，会进行浸蜡抛光处理，让其表面附着一层蜡质物质，保持翡翠内部的水分。这可以掩盖翡翠表面的微细裂纹，也增加了翡翠的透明度。

因此，在佩戴时要避免阳光暴晒或者高温炙烤，这会使翡翠失去水分或表面的蜡质挥发而出现干裂。去日照强烈的沙滩等地游玩时尽量不要佩戴翡翠首饰；此外，在进桑拿房前也要将翡翠饰物取下。

不佩戴翡翠饰品的时候，可以把翡翠饰品放在相对封闭湿润的环境中，如浸泡在清水中，也可涂抹橄榄油或清淡的无色油，再用密封

老坑翡翠手镯

■ 冰种花团锦簇翡翠吊坠

塑料袋进行包装。但不能用浓稠带色的机油，因为机油氧化发黄会直接影响翡翠的颜色。

翡翠首饰还不宜与酸、碱和有机溶剂接触，如各种香水、化妆品、美发剂等，这些东西会对翡翠的表面产生腐蚀作用，因此洗澡的时候也不建议佩戴翡翠饰品。

盛夏时节流汗量最多，汗液中所含的盐分与挥发性脂肪酸、尿素等物质，会慢慢地侵蚀翡翠的外表，从而使翡翠的光泽与亮度遭到破坏。因此夏季里最好不要将翡翠拿在手中把玩，而那些佩戴在身上与肌肤贴近的饰件，如手镯、挂件等，要经常在中性洗涤液，如中性的洗面奶、沐浴露中清洗。个别雕工麻烦的，可以用毛笔轻刷，放在阴凉处风干就可以了。

翡翠首饰是高档饰品，一定要养成良好的佩戴习惯。例如早晨出门前要花一定的时间来佩戴，活动时要注意动作的幅度，晚间回家要及时卸妆，在做家务、洗衣服、洗澡时及时摘下。要经常清洗首饰，有绺裂的翡翠最好不用超声波清洗，超声波清洗是利用密集的小气泡破裂之后产生的负压进行清洗的，表面上看起来没有什么动静，但实际上清洗的力量是很大的，这会使翡翠中的小绺裂扩大。一般在中性清洁液的温水中用牙刷轻轻地洗刷即可。收藏者可经常用软布擦拭翡翠和金托，这样可使饰品保持长久的亮丽。翡翠首饰的储藏，一般要用软性包装或单独包装，切忌随便丢弃在抽屉或混藏在饰品之中。

翡翠古董的保养

（1）翡翠古董不需要再加工。翡翠古董最大的忌讳就是再加工，如果进行了再加工就是现代翡翠而不是古董翡翠了，这会严重影响古董翡翠的经济价值。

（2）古董翡翠要避免接触酸、碱、油、化妆品一类的物质，否则会腐蚀翡翠表面的结构。另外要保持正常的温度和湿度，避免强光过度照射和过度干燥而对翡翠色彩造成伤害。

（3）古董翡翠不能用洗涤剂类物质清洗，如果古董翡翠脏了，可以使用软布或是羊皮擦干净。

（4）如果古董翡翠损坏了，可以选择粘接修复；如果是翡翠挂件类的，可以通过加工断口来修复；如果是断手镯类的，可以加工成小雕件，但要注意的是，要大面积保留原古翡翠的表面而不需要加工，加工断口和加工成简单形状即可，否则变成新的一般的翡翠了，就会失去古董翡翠的价值。

后记

翡翠，也称翡翠玉，是玉的一种。自古以来，人们就非常喜爱这种翠绿欲滴、浑然天成的矿物晶体，还会在翡翠上勾画一些吉祥图案，人们相信灵气逼人的翡翠加上吉祥的图案就一定会带来好运。随着生活资源的丰富，翡翠的收藏渐渐成为一种时尚。

人们都说“藏玉显真情，佩玉升情操”。要得到一块好的翡翠就要有识别翡翠的眼睛，俗话说“外行看种，内行看色”。翡翠的种，也就是它的质地本身的美丽程度，好的翡翠应该是质地细腻无瑕、透明度高，甚至起胶、起荧、刚性足。翡翠的底子好，就犹如美人的皮肤好，不需要上妆，无论怎么看，都是美的。

而且翡翠颜色繁多，粗分有绿、红、紫、黄、黑等，尤其是绿色要鲜阳、浓旺、纯正、均匀。细分为帝王绿、阳绿、菠菜绿、苹果绿等。颜色是决定翡翠价格的重要因素之一，极品翡翠，颜色略略差别一点，就可以价格相差几十倍。所谓“鉴玉尚质，执玉尚谨，用玉尚慎”是完全合乎常理的。

本书得以呈现在广大翡翠爱好者及广大读者面前，离不开好朋友的帮助与广大藏友的支持。特别是广州市越秀区的乾朝珠宝与天津市南开区的君宝阁，不仅向我们讲解了相关知识，还提供了很多精美的图片。在本书付梓之际，感谢给予本书帮助及提供相关资料的朋友及工作人员，没有他们的热情劳动和帮助，也就没有本书的诞生。

希望广大读者阅读完本书，能够了解翡翠、喜爱翡翠，而正在收藏翡翠的读者也一定会因为本书而更加准确和快速地找到自己喜欢的翡翠制品。同时，也期待与广大读者朋友交流和切磋！

● 总 策 划

王丙杰　贾振明

● 责任编辑

张建平　李晨曦

● 排版制作

腾飞文化

● 编 委 会（排序不分先后）

玮　珏　苏　易　晨　钟

丁　莉　伊　记　黄少伟

王海威　玲　珑　侯艳梅

● 责任校对

李新纯

● 版式设计

黄少伟

● 图片提供

周 健 胡长君 贾 辉

广州市乾朝珠宝有限公司

天津市古玩文化街君宝阁

http://www.nipic.com

http://www.huitu.com

http://www.microfotos.com